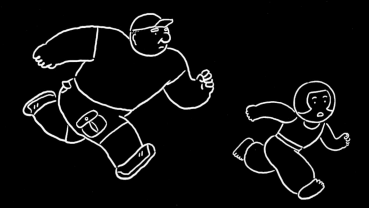

行读 少年

# The Adventures of TUMOT
# 在万物内部旅行

袁越 著

黄依婕 绘

生活·讀書·新知 三联书店

# 目 录

## 第 1 部分 在万物内部旅行

01 像地球人那样思考 2
02 地球上的碳都到哪儿去了 6
03 第六次物种大灭绝已经开始了？ 11
04 为什么要关心太阳？ 15
05 菠菜铁含量小数点事件 19
06 凡士林传奇 24
07 根治肺结核 28
08 和温度赛跑，看谁死得快？ 32
09 基因决定了你的智商吗？ 36
10 开心手术 41
11 记仇的基因 45
12 你有数学基因吗？ 49
13 气候变化导致的战争 54
14 青霉素的发现 58
15 人的个性是从哪里来的？ 62
16 人造髋关节 66
17 谁发现了可的松？ 70
18 眼睛是大脑的窗口 74
19 眼泪有什么用？ 78
20 人为什么会怕生？ 82

# 第 2 部分

## 神奇的动植物

21 懂数学的蝉　88

22 动物的心思你别瞎猜　92

23 聪明的植物　96

24 动物们也胖了　100

25 福克兰狼的秘密　104

26 猴子也会歧视　108

27 辣椒传奇　111

28 蝾螈的绝技　115

29 撒谎的代价　119

30 团结友爱的微观世界　123

31 驼鹿的启示　127

32 鸭嘴兽传奇　131

33 植物的秘密生活　135

34 植物的免疫系统　140

35 一觉醒来，火星到了　144

36 爸爸为什么长乳头？　148

37 人为什么喜欢吃辣椒？　152

38 企鹅是怎么死的？　156

39 是什么改变了鸟儿的歌声？　160

40 人为什么会打喷嚏？　164

# 第 3 部分 那些关于健康的事儿

41 吃点苦有好处 170
42 吃海鲜有讲究 174
43 抖腿是恶习还是疾病？178
44 发烧有理 182
45 减肥为什么这么难？186
46 警惕果糖 190
47 恼人的时差 194
48 跑步为什么要穿鞋？198
49 人为什么要睡觉？202
50 人字拖应该怎么穿？207
51 衰老是一种病 211
52 太干净了也不好 215
53 为乳酸正名 219
54 味精真的有害吗？223
55 痒算怎么回事 227
56 意志的胜利 231
57 有啥吃啥，吃啥是啥，是啥吃啥 235
58 越想越胖？239
59 科里毒素，以毒攻毒 243
60 大便疗法 247

后记 251

作者——袁越

1986-1990 就读于复旦大学生物工程系。

1992年留学美国,就读于亚利桑那州立大学动物系,研究果蝇。

1995-2005,在美国做了10年生物研究。

2005-今,担任《三联生活周刊》记者,用科学的眼光探索世界。

# 第1部分
## 在万物内部旅行

# 01

## 像地球人那样思考

东西方思维方式可以很容易地互换，我们每个人都可以像地球人一样思考。

一张纸上画了一只鸡、一头牛和一片草地，要求你把这三样东西分成两组，你会怎么分呢？美国印第安纳大学的心理学家邱莲黄（音译）把这道题分别给美国和中国台湾地区的儿童做，发现美国孩子更喜欢把鸡和牛分在一组，中国孩子则更倾向于把牛和草地分在一起。邱莲黄认为，美国孩子善于分析不同物体各自的特征，牛和鸡都属于动物，因此被归为一组。中国孩子则把不同物体之间的联系看得更重，因为牛吃草，所以牛和草地被分在了一起。

美国密歇根大学的心理学教授理查德·尼斯贝特（Richard Nisbett）曾经给中美大学生出过一道类似的题目，结果发现美国大学生喜欢把猴子和大熊猫分在一组，中国大学生则会把猴子跟香蕉配对。

这是心理学领域具有代表性的一类经典实验，为的是研究东西方思维差异的根源究竟在哪里。说到这个话题，大部分人都会认为以欧美人为代表的西方人擅长逻辑思维，善于分析每个物体各自不同的性状。而以中日两国为代表的东方人则擅长整体思维，对不同物体之间的关系更敏感。

但是，现实生活中的思维差异太过复杂，必须把它简化成具有象征意义的符号才能科学地加以研究。尼斯贝特教授曾经借助一种能够跟踪人眼球活动的仪器，分析过中美两国的志愿者对同一个事物的关注点到底有何不同。他让志愿者们欣赏同一张老虎照片，结果发现美国人迅速地把目光集中到老虎身上，在它身上停留的时间也更长，而中国人的关注点明显不同，更多地在老虎和周围环境之间游走。

究竟为什么会有这样的区别呢？尼斯贝特教授于2003年出版了一本名为《思维的版图》（The Geography of Thought）的书，提出了一个新颖的观点。在他看来，西方文化的基础来自古希腊，那地方地形复杂，无论是种田还是放牧规模都不大，这就让希腊人养成了一种独立的精神。相反，中国很早就统一了，中原地区连成一片的土地使得中国人从很早开始就必须学会相互合作，并在合作的过程中形成了一套严格的等级制度。生活在这种环境里的中国人必须学会察言观色，这就让中国人更善于从整体来看问题，而不仅仅局限于细枝末节。

如果这个理论是正确的，那就意味着一个人的思维方式早就被他的出身所决定了，很难更改。幸运的是，这个带有种族歧视嫌疑的理论近年来不断受到挑战。新的实验证据证明，这两种思维方式可以很容易地互换。

美国得克萨斯大学奥斯汀分校的心理学教授阿特·马克曼（Art Markman）就曾经做过一个实验。他先让一组美国志愿者回忆自己被同伴抛弃的情景，然后让他们做一个心理测试，结果发现他们比对照组更加看重个体和环境之间的关系，换句话说，他们的表现更像东方人。

另一个反向的实验得出了类似的结论。实验者让一组来自东亚的志愿者事先想象自己在玩网球（单打），然后再去做心理测试，结果他们立刻变得更加崇尚个人主义，或者换个说法，更加偏向西方人。

美国加州大学河滨分校的心理学教师维罗妮卡·本内特-马汀内兹（Verónica Benet-Martínez）通过实验证明，东方人只要试着把自己想象成西方人，就能换一种思维方式。她让一组来自中国香港的学生事先看一眼美国国旗，然后去做心理测试，结果便会偏向西方。让他们事先看一眼中国标识，比如龙图案，其结果便会偏向东方。

尼斯贝特教授的同事，同样来自密歇根大学的心理学家戴夫娜·欧瑟曼（Daphna Oyserman）教授在全球范围内检索到67个类似的心理学实验，发现这些实验都证明一个人的思维方式可以非常轻易地被改变。"我们无法证明历史是否真的能决定一个人的思维模式，但我们通过实验证明，一个人的生活环境对他的思维方式影响巨大。"欧瑟曼教授总结说："东西方思维方式并不是固定在人的脑子里的，我们每个人都可以用这两种方式来思维，只不过因为生活环境的不同，某种方式用得多一点而已。"

无数历史事实证明，东西方思维方式各有千秋，谁也无法取代谁。但不同的文化往往倾向于鼓励某一种思维方式，压抑另一种。在欧瑟曼看来，这种偏向是毫无必要的。毕竟我们都是地球人，应当学会如何在两种思维方式之间自如地转换，才能做到各取所长。

# 02

# 地球上的碳都到哪儿去了？

大自然的平衡能力是很强大的，但是有时候，面对突然产生的变故，大自然也无能为力。

金星和火星的大气层几乎全是由二氧化碳组成的。可 2007 年测得的数据显示，地球大气层中的二氧化碳浓度只有 0.0384%，也就是 384ppm（1ppm 等于百万分之一），地球上的二氧化碳都到哪儿去了？

二氧化碳是著名的温室气体，它能让太阳光顺利通过，却会阻止地表热量的散失。金星的表面温度之所以高达 500℃以上，主要原因就是二氧化碳产生的温室效应。火星的大气层虽然也都是二

氧化碳，但因为火星太小，大气浓度低，温室效应弱，所以火星表面温度常年维持在 0℃ 以下。

地球和太阳的距离适中，但在地球形成的初期，太阳的辐射强度只有现在的 1/4，为什么那时的地球没有被冻成冰球呢？最新的理论认为，正是二氧化碳产生的温室效应，使得地球的温度不至于太低，水能以液态存在。液态的水（比如降雨）能够溶解空气中的二氧化碳，把它变为碳酸盐，沉积到岩石层中。地球的内部很热，沉积在地壳中的碳经常会随着火山喷发而重新变为二氧化碳释放到大气中，这就形成了一个碳循环。

经过几亿年的时间，这个碳循环逐渐达到了某种平衡。空气中二氧化碳的浓度高了，地表温度就升高，海水蒸发速度便会加快，形成更多的雨水，把更多的二氧化碳带到地面，再被火山重新喷到空气中。空气中的二氧化碳浓度降低后，情况就正好相反，大气温度降低，降雨减少，碳沉积速度也跟着降低，但火山活动不受影响，大气中的二氧化碳浓度就会重新上升。

金星距离太阳太近，温度太高，水循环进行不下去，也就没法形成碳循环。火星则因为体积太小，内部冷得太快，火山活动不够剧烈，沉积的碳不能重新被释放到大气中，所以碳循环也被中止了。

由此可见，水真是个好东西。一方面水能通过自身的循环，带动碳循环，稳定地表温度。另一方面，液态水的化学结构非常适合作为溶剂，让各种分子在水溶液中进行随机碰撞，生命就是在这种碰撞中诞生的。

生命的诞生促成了另一个碳循环。众所周知，生命的基础是光合作用，就是利用太阳提供的能量，把二氧化碳中的碳元素提取出来，连接成一条长短不一的碳链。这样的碳链被称为"有机碳"，因为它既能作为建筑材料，搭建成生命所需的各种有机分子（碳水化合物、蛋白质和氨基酸等），又能燃烧自己，产生能量供生命使用。有机碳的燃烧过程又可以称为"氧化反应"，其产物就是二氧化碳和水。

生命是在大约 35 亿年前出现的。经过十几亿年的积累，碳循环再度达到了一种动态的平衡。通过生物圈进行循环的碳的总量是巨大的,据估计,地球大气层中每年大约有1100亿吨的碳被光合作用转化成有机碳,其中99.99%又通过氧化反应被重新释放到大气中,只有不到0.01%由于地质变动的原因留在了地壳里。别看这是一个很小的数字,经过很多年之后,累积起来就很可观了。科学家估计,留在地壳中的有机碳是生物圈有机碳总量的26000倍之多,难怪地球大气中的二氧化碳浓度变得如此之低,大部分碳元素都以各种形式留在了地下。

假如这些有机碳都能被人类利用的话,根本就不会有什么能源危机了。可惜的是,绝大部分有机碳都无法被人类利用,只有在某些特殊的条件下,这些有机碳才能变成我们所熟悉的化石能源。

就拿石油来说吧。石油的形成需要四个条件,缺一不可。首先,有机碳必须被密封在一个完全无氧的地方,比如某些特殊情况下的海底淤泥层。其次,有机碳必须被适当的高温蒸煮,好让原本很长的碳链断裂,变成只有5—20个碳的短碳链,这就是所谓的"原油"。这样的温度条件只有地下2200—4500米的地方才有,所以这个地段被称为"油窗"。第三,石油比水轻,只要稍微有个裂缝就会漏出地面,地球上形成的原油有超过90%都是这么浪费掉的。第四,刚刚形成的原油存在于岩石的孔隙中,必须先被某种带有微孔的岩石过滤并集中,才能变成具有开采价值的油田。

所以说,地下有油的国家实在是太幸运了。

别小看这点化石能源,如果在短时间内被大量开采出来并燃烧掉的话,产生的二氧化碳也是很可观的。目前人类每年因燃烧化石能源而向大气中排放约75亿吨碳,相比之下,因火山爆发而排放出来的碳还不到人类排放量的1%。

南极冰钻的结果证明，地球大气中的二氧化碳浓度在过去的1万年里一直在260—280ppm范围内波动，但自工业化以来这个数字就开始逐年上升，目前已经接近420ppm。如果仅仅计算因燃烧化石能源而产生的二氧化碳排放，这个数字还应该再增加一倍。但是有证据显示，大气中二氧化碳浓度的提高加快了森林的生长速度，促进了土壤对二氧化碳的吸收，这说明大自然正在努力地试图平衡人类带来的影响。

但是，大自然的平衡能力是有限的。面对突然多出来的这些碳，大自然一时也应付不过来，人类必须自己想办法。

# 03

# 第六次物种大灭绝已经开始了?

最新的研究表明,
第六次物种大灭绝已经拉开了序幕。

---

人们常说以史为鉴,但地球的历史太长了,借鉴起来非常困难。

就拿物种变迁史来说,据考古学家估计,自地球上出现生命以来,一共有大约 40 亿种不同的物种在地球上生活过,但其中超过 99% 的物种都先后灭绝了。当然这两个数字非常不精确，因为早期物种的真实情况谁也没见过，只能依靠化石证据来推测，而化石证据存在诸多天生缺陷，比如数据不够连贯、盲点太多、年代测定精度不够等，这些缺陷都为化石证据的可靠性打上了问号。

化石证据最大的缺陷是涵盖范围太窄。目前能够找到的大部分化石都是生物体坚硬的部分留下的，所以海洋贝壳类动物和带有骨骼的脊椎动物数据最多，其他生物，比如昆虫、软体动物、植物、微生物和藻类等则非常匮乏，因此考古学家关于物种大灭绝（Mass Extinction）事件的研究最早只能推到 5 亿年前，再往前推就很困难了。

地球上的物种总数一直处于变化之中，每年都会有不少物种消失，也会有新的物种诞生。但考古学家发现，有个别时期大量物种突然从化石记录中消失了，说明那个时期地球上发生了物种大灭绝。为了方便研究，考古学家为物种大灭绝下了一个人为的定义，即在很短的地质年代里有超过 75% 的物种灭绝。"很短的地质年代"通常是指 200 万年，但有时也会根据情况做出一定的增减。

按照这个标准来衡量，地球在过去的 5.4 亿年时间里一共发生过五次物种大灭绝，分别发生在距今约 4.43 亿年前的奥陶纪末期（约 86% 的物种灭绝）、距今约 3.59 亿年前的泥盆纪后期（约 75% 的物种灭绝）、距今约 2.51 亿年前的二叠纪末期（约 96% 的物种灭绝）、距今约 2 亿年前的三叠纪末期（约 80% 的物种灭绝）和距今约 6500 万年前的白垩纪末期（约 76% 的物种灭绝）。恐龙就是最后一次物种大灭绝的牺牲品之一。研究表明，最后这次大灭绝的原因很可能是一颗体积巨大的小行星撞击地球造成的气候急剧变化。除此之外，另外四次物种大灭绝的原因都是气候变化，或者地质变化所造成的栖息地面积大幅下降，没有证据表明它们和天外来客有关。

众所周知，自从人类出现并主宰了生物圈之后，已有大批物种灭绝。问题在于，人类活动导致的物种灭绝到底有多严重？和历史上那五次物种大灭绝有可比性吗？2009年，美国加州大学伯克利分校的生物学家安东尼·巴诺斯基（Anthony Barnosky）博士召集一群考古学家开了个会，决定着手研究一下这个问题。学者们意识到，这样的比较实在是太困难了。"这就好比拿苹果和橘子做比较。"巴诺斯基后来对记者说。

要想做出准确的对比，需要双方的数据都充足可靠。考古数据存在的不足前文已经说过了，现代物种的数据其实也严重不足。目前已经知道的190万个物种当中只有不到2.7%的物种被世界自然保护联盟（IUCN）研究过，也就是说，人类对地球上生活的97.3%的现存物种缺乏基本的知识。

为了简化问题，研究者把注意力集中到哺乳动物身上，因为人类关于哺乳动物的研究最充分、数据最可靠，哺乳动物的化石证据也是最全的。研究显示，在过去的500年里，地球上生存的5570种哺乳动物当中至少有80种已经灭绝了。这个速度到底有多快呢？研究小组通过对目前收集到的哺乳动物化石进行归纳整理，得出结论说，在过去的6500万年里，平均每100万年只有不到两种哺乳动物灭绝，其速率远比最近这500年要低得多。

造成哺乳动物大灭绝的原因不外乎以下几类：人类与动物竞争自然资源、动物的栖息地被分割、外来物种入侵、人类的直接杀戮、人类引入的疾病，以及全球气候变化。

那么，目前这个灭绝速度是否算得上是物种大灭绝呢？巴诺斯基博士认为，如果 IUCN 濒危物种名录上收录的所有被列入"极危"（Critically Endangered）、"濒危"（Endangered）和"易危"（Vulnerable）这三档的物种在今后的千年时间里全部灭绝的话，地球肯定就将进入第六次物种大灭绝时期。

这篇论文发表在 2011 年 3 月 3 日出版的《自然》（*Nature*）杂志上。后续研究表明，情况正变得越来越糟糕。如今大部分科学家都相信，地球实际上已经揭开了第六次物种大灭绝的序幕。

# 04

# 为什么要关心太阳?

人类必须关心太阳的历史和现状,
因为太阳的一举一动决定了人类的未来。

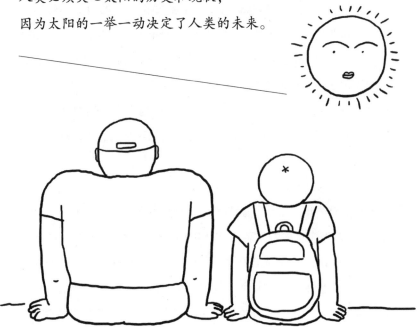

2010年2月11日，美国航空航天局（NASA）成功地发射了一艘宇宙飞船，飞船上载有一座"太阳动力学观测站"（Solar Dynamics Observatory，SDO），能够通过三套成像系统从不同侧面观察太阳的活动。4月22日，SDO发回了第一组照片，展示了太阳表面的壮观景象。

NASA此举当然不仅仅是为了拍照。这是NASA的"与星球共存计划"的第一个步骤，旨在进一步了解太阳的内部结构，预防可能出现的危险。目前有一派学者认为地球的气候变化源于太阳辐射强度的改变，而不是温室效应。但是目前人类对于太阳的了解还远远不够，无法准确判断太阳辐射强度在短期内的走势。

不过，天文学家早已掌握了足够的知识，能够对太阳辐射强度的中长期趋势做出判断。这项研究还诞生了一个有名的"弱阳悖论"（Faint Young Sun Paradox），简单来说，早期太阳内部的氢氦比例比现在高，核聚变强度远不如现在这么大，因此太阳年轻时的亮度比现在低30%，照理说会让地球表面的水全部结成冰。可是考古研究表明，那时的地球表面存在大量的液态水，生命就是从这些液态水中孕育出来的。

这个"弱阳悖论"是由美国人卡尔·萨根（Carl Sagan）于五十年前首先提出来的。萨根不但是个很有名的科普作家，而且还是个非常厉害的天文学家。1972年他和同事乔治·穆伦（George Mullen）合作，首次提出了"弱阳悖论"，并为此提供了一个可能的解释。他俩推测地球早期大气中的主要成分是氨气和甲烷，它们是很强的温室气体，保证了地球温度高于冰点。后来由于生命的出现，大气中的氧气含量升高，氨气和甲烷逐渐被氧化掉了，但那时太阳的辐射强度也上来了，两者相互抵消，保证了地球温度一直维持在合适的范围内。

虽然萨根提出的这个悖论一直争论到现在，但他的解释却在提出后不久就被推翻了。科学家证明氨气很不稳定，遇到光就会分解成氮气和氢气。事实上，目前地球大气层的主要成分正是氮气，它们就是早期氨气被太阳光分解后剩下来的。没了氨气，光靠甲烷是不足以为地球保温的。

后来又有人提出了修改方案，认为二氧化碳才是为地球保温的功臣。这个理论延续了很长一段时间，以至于大部分教科书都把它视为正解，并以此来作为人类活动导致气候变化的证据之一。有意思的是，正是气候变化领域的研究推翻了这个解释。原来，科学家通过对古代土壤成分的分析，以及对海底淤泥的钻探研究，估算出古新世时期地球大气中的二氧化碳含量不会超过900ppm，大约相当于现在的三倍左右。根据模型计算，如果二氧化碳是主因，那么其含量必须至少达到现在的70倍才能抵消"弱阳"带来的影响。

2010年4月1日出版的《自然》杂志刊登了哥本哈根大学自然历史博物馆的地理学家米尼克·罗兴（Minik Rosing）及其合作者撰写的一篇论文，提出了一个新的解释。罗兴等人认为，年轻的弱阳之所以没有让地球结冰，主要原因在于当时的地球表面反射太阳光的能力远比现在要弱，因此有更多的太阳能量被地球吸收，温度才没有降得太低。

科学家们分析，当时大陆架还没有形成，地球表面大部分都是海洋，而海洋吸收太阳光的能力远比陆地高。另外，由于地球早期的生命活动微弱，大气中的硫化物颗粒浓度也远较现在低。硫化物颗粒是最主要的"云核"，如果没有它们就不会有那么多云。云也是反射太阳光的主力部队，如果没有云的反射，地球温度同样也会上升。

这个例子充分说明，科学是不讲情面的。这个新理论虽然不能推翻现有的气候变化理论，但它确实不像旧理论那么"政治正确"。可是，科学家不管这些，他们不讲政治，只认事实，即使事实与现行的政策背道而驰，科学家们也是不会屈服的。

也许有人要问，科学家为什么要花纳税人的钱去研究几十亿年前发生的事情呢？这不是杞人忧天吗？错。太阳和地球生态系统之间的关系非常重要，只有详细了解太阳的历史，以及太阳和地球之间的互动关系，才能未雨绸缪，尽早对可能发生的灾害做好准备。比如，根据现有的知识推断，太阳正处于生命周期的壮年期，其辐射强度每一亿年增加 1%。如果其他条件不变的话，一亿年后地球的表面温度就将上升到金星现在的水平，到那时人类就必须另觅家园了。

那么，如果太阳辐射强度只增加 0.1% 会是什么情况？ 0.01% 呢？科学家们正在做的这些研究，就是为了回答上述这些问题。

# 05

# 菠菜铁含量小数点事件

当一个故事听起来特别传奇的时候，
你要小心了。

一个故事要想流传开来，根本不必是真实发生过的。它只要有一个绝妙的卖点，再加上一点大道理就行了，太空笔就是这样一个故事。

光明日报出版社曾经出版过一本《小幽默大道理》，收集了396个笑话并逐一总结中心思想，其中一个笑话是这样说的：

> 加拿大航天部门首次准备将宇航员送上太空，但他们很快接到报告，宇航员在失重状态下用圆珠笔根本写不出字来。于是，他们用了10年时间，花费120亿美元，终于发明了一种新型圆珠笔（太空笔）。
>
> 而俄罗斯人在太空中一直使用铅笔。

该书为这个故事总结的大道理是："如果抓不住问题的本质，就难免做出舍近求远事倍功半的傻事。"

这个故事流传很广，而且衍生出了很多不同的版本。其中一个版本把铅笔的发明人改成了小学生，把大道理改成了嘲讽某些科学家死脑筋。但不管怎么改，铅笔都是一个出乎意料的绝妙卖点，最后的大道理看上去也都很正确，让人挑不出什么毛病。

可惜的是，这个故事是编造出来的。铅笔由于笔芯容易折断等原因，不适合在太空使用。太空笔是一家私人公司发明的，据说只花了100万美元。因为这种太空笔很好用，如今美国和俄罗斯的宇航员都已经改用太空笔了。

另一个流传更广的故事是关于菠菜的。记得小时候曾经听到过一个说法，因为菠菜富含铁元素，所以是补铁的最佳食品。但是今天恐怕只有老人还相信这个故事了，年轻人应该都听说过一个关于菠菜铁含量的"小数点事件"，据说最初测量菠菜铁含量的科学家点错了小数点，把数据无缘无故地扩大了10倍。这件事被美国卡通画家席格（E. C. Segar）知道了，当时他刚刚创作出一个漫画人物波沛（Popeye），此人是个海员，小臂很粗，翻译成中文时便改称其为"大力水手"。席格对营养学很关注，遂决定让大力水手在漫画里每天吃一罐罐装菠菜。随着大力水手卡通系列的流行，菠菜富含铁的故事迅速传遍整个西方世界，但营养学家们谁也没有想到去核实一下当初的实验数据，终于让菠菜莫名其妙地流行了很多年。

这个故事同样有一个黑色幽默风格的绝妙卖点，以及一个听起来非常正确的大道理。有相当多的文章都提到过这个小数点事件，并教育读者不要轻信传言，任何事情都要以事实为依据。有意思的是，写这些文章的人谁也没有想过去核实一下这个故事本身的事实依据是否准确，直到2010年才终于有一个较真儿的人，为我们揭开了谜底。

此人名叫麦克·苏顿（Mike Sutton），是英国诺丁汉特伦特大学（Nottingham Trent University）犯罪学系的一名助理教授。有一天他在备课的时候决定引用一下这个故事，便顺手打开谷歌，搜了搜这个小数点事件的原始出处。搜索的结果全都指向1981年出版的《英国医学杂志》（*BMJ*）上的一篇文章，作者是英国南安普敦大学（University of Southampton）的生物学家汉布林（T. J. Hamblin）。汉布林声称点错小数点的那个化学家名叫沃夫（Wolf），时间是1870年，这个错误直到20世纪30年代才被德国科学家发现并改正。

苏顿去图书馆找来这篇文章，惊讶地发现文章没有列出涉及这个事件的引文。苏顿给汉布林发邮件询问，后者很快回复说自己也记不清了，只记得这篇文章是应 BMJ 主编的邀请写的。因为文章计划刊登在 BMJ 的圣诞特刊上，所以主编要求他"写得幽默一点"。身为犯罪学家的苏顿博士觉得这事有些蹊跷，决定把它作为一个案例好好研究一番。

此后苏顿花了很多时间泡图书馆，查阅了大量相关文献，结果令人失望，既没有找到传说中的这个粗心大意的沃夫，也没有找到汉布林所说的 20 世纪 30 年代的德国科学家，反而是在一篇 20 世纪 30 年代发表的论文中看到美国威斯康星大学的科学家曾经误把菠菜铁含量数据增加了 20 倍，不过这个错误两年之后就被他的同事改正过来了。

有趣的是，苏顿调查后发现，大力水手吃菠菜并不是因为铁含量高，而是因为维生素 A 含量高。苏顿找到了这个漫画系列早期的一幅画，大力水手亲口说他认为维生素 A 能帮助他长肌肉。那么，为什么大家都认为大力水手觉得菠菜含铁多才吃呢？苏顿认为这是因为大力水手体力超群，曾经被人叫作"铁人"，也许正是这个外号被误读，以讹传讹，最终把"铁"这个字安到了菠菜的头上。

那么，菠菜的铁含量到底多不多呢？根据美国农业部提供的数字，每 100 克煮熟了的菠菜含铁 3.57 毫克，和大部分绿色蔬菜差不太多，比牛肉都高。不过，蔬菜中含有的铁元素不如肉中的铁元素容易被吸收，所以如果你只想补铁的话，吃菠菜并不一定就是最佳方案。

苏顿把自己的研究成果发表在 2010 年出版的《犯罪学互联网杂志》（*Internet Journal of Criminology*）上。这是一本需要同行评议才能发表文章的杂志，文章质量有一定的保证。

苏顿在文章的开头引用了英国皇家学会的一句名言：不随他人之言（*Nullius in verba*，英文大意是 On the Word of No One）。在这个互联网时代，这句话显得尤为贴切。很多网上流传的故事听起来都无比正确、无比传奇，如果认真核查消息来源的话，它们很可能都是假的。

# 06

# 凡士林传奇

著名影星梅格·瑞恩、斯嘉丽·约翰逊和模特泰拉·班克斯的共同点是什么?
她们都有一身健康的皮肤,她们最喜欢的护肤品都是凡士林。

2007年4月,英国《每日电讯报》刊登了一封读者的来信,这位女士用凡士林消除了腿上的两个疤痕,还去掉了脸上的一颗黑痣。这封信刊登后的一周内,《每日电讯报》收到了几麻袋读者回信,大家纷纷贡献出自己使用凡士林的心得,从护肤到去皱,从治疗婴儿疹到消除牛皮癣，应有尽有。

如果罗伯特·切森堡（Robert Chesebrough）还活着的话，一定会说："我早就告诉过你们，凡士林是万能药。"

这个切森堡是一位美国化学家，擅长从鲸脂肪里提取煤油。1859年，美国宾夕法尼亚州发现了石油，切森堡失业了。他不甘心失败，跑到宾州油田，想看看这个神奇的石油到底是怎么回事。细心的他很快发现，油田的工人喜欢收集钻井台边上常见的一种黑糊糊的凝胶，把它抹在受伤的皮肤上，据说能加快伤口愈合的速度。切森堡拿了一点回去化验，发现这是一种高分子碳氢化合物，在石油里有很多。

经过试验，切森堡找到了提纯它的方法，最后得到了一种无色透明的胶状物质，无臭无味，不溶于水，所有常见的化学物质都不会和它起化学反应。他故意在自己的腿上割了一刀，然后把这玩意儿涂了上去，结果伤口很快愈合了。

1870年，切森堡向美国专利局申请了专利，把这种东西命名为"凡士林"（Vaseline）。他还成立了一家公司，开始向美国公众销售这种神奇的凝胶。可是，没人相信这东西真的有效，销量一直打不开。

情急之下，切森堡拉着一车凡士林去大街上叫卖，有点像旧中国卖"大力丸"的江湖艺人。他每到一处都亲自表演"硬功"，就是当着大家的面用刀把自己割伤，或者用火烧自己的皮肤，然后自信地涂上凡士林，并向围观群众展示几天前弄伤的伤口的愈合情况。这个方法果然很有效，凡士林迅速风靡全美国，切森堡发财了。

可是，切森堡不是医生，他真的相信凡士林含有一种神秘物质，能够包治百病。有一年他得了胸膜炎，便让人把自己从头到脚都涂满了凡士林。后来他病好了，更是相信凡士林是神药，每天都要吃一勺凡士林。这件事传开后，美国民间掀起了一股凡士林热，不管什么病都用它。

切森堡活到96岁才去世，他认为自己的长寿就是凡士林的功劳。

可事实是怎样的呢？科学家对凡士林进行了仔细的研究，发现凡士林里除了极具化学惰性的碳氢化合物之外，一无所有。但它不亲水，涂抹在皮肤上可以保持皮肤湿润，使伤口部位的皮肤组织保持最佳状态，加速了皮肤自身的修复能力。另外，凡士林并没有杀菌能力，它只不过阻挡了来自空气中的细菌和皮肤接触，从而降低了感染的可能性。

凡士林的很多"疗效"都和这两个特性有关。比如，妈妈们喜欢在婴儿屁股上涂一层凡士林，避免因湿尿布长期接触皮肤而引起湿疹。鼻子流血的人也可以把凡士林涂在鼻孔内壁，这样可以阻止继续出血。甚至口腔溃疡的病人也可以先用纸巾擦干患处，然后涂上一层凡士林从而防止溃疡接触口腔内的酸性物质，加速溃疡的愈合过程。

凡士林被用作护肤品，道理也在于此。但是，很多人把凡士林和甘油弄混了。虽然两者都能保持皮肤湿润，但是原理正好相反。甘油属于醇类，水溶性极强，能够不断地从空气中吸收水分，避免皮肤干燥。

凡士林非常便宜，很多爱美的女士因此对它不屑一顾。事实上，和市场上其他更加昂贵的护肤品相比，凡士林的化学惰性使得它对任何类型的皮肤都没有刺激作用，因此属于广谱护肤品，谁都能用。正因为如此，廉价的凡士林仍然是目前全世界使用最多、性价比最高的护肤品。

不过，专家也警告说，下列两种情况不宜使用凡士林。第一，刚刚烧伤时最好不用，否则热量散不出去，反而会影响伤口愈合。第二，鼻子堵塞时不要使用，因为凡士林会影响鼻毛对脏空气的清洁能力。

# 07

# 根治肺结核

抗生素是治疗所有细菌性疾病的最佳武器，
在治疗肺结核时却遇到了麻烦。

肺结核史称"白色瘟疫"，是一种很厉害的传染病。人类虽然早在1885年就分离出结核杆菌，但很长一段时间内医生们拿它毫无办法，病人只有寄希望于自己的免疫系统足够坚强。

抗生素被发现后，医生们看到了曙光。虽然青霉素被证明对

肺结核无效，但是科学家很快就发现了链霉素，初步证明对肺结核有效。可是，和青霉素不同的是，使用链霉素的肺结核病人病情经常会反复，医生们一直搞不懂到底是为什么。

揭开谜底的是一个名叫布拉德福德·希尔（Bradford Hill）的生物统计学家。此人出生于英国的一个医生世家，他父亲发明了血压计，还发现了潜水病的病因。希尔小时候立志要当一名医生，却因第一次世界大战的缘故被迫加入空军。服役期间他得了肺结核，幸运的是他的免疫系统足够坚强，他侥幸逃过一劫。不过他元气大伤，当医生的幻想破灭了，只好改行学习经济学，并因此获得了大量的统计学知识。

希尔的恩师，也是他父亲从前的生理学老师格林伍德是个非常聪明的学者，他对医学发展史有很深的研究，并从研究中得出一个结论：现代医学必须运用统计学的方法才能保证治疗的准确性。要知道，当时的西方医学骨子里仍然属于"经验医学"，医生们更愿意相信自己多年临床积累的经验，而不是客观的科学实验。格林伍德则不然，他本人精通统计学，非常推崇1935年出版的一本名为《怎样设计科学实验》的教科书。这本书的作者运用统计学原理，提出了一整套设计科学实验的方法和原则。

1945年，格林伍德从伦敦卫生与热带医学院首席教授的职位上退休，推荐希尔作为自己的接班人。就这样，一个没有受过科班训练的统计学家当上了医学院的教授。次年他被邀请加入了肺结核试验委员会，这个委员会的主要任务就是检验链霉素到底能不能治疗肺结核。

要知道，青霉素刚被用于临床时根本不会有人想到要去检验它的有效性，因为病人服药后几天内就见效，临床效果好得惊人。可是肺结核杆菌外表有一层厚厚的黏膜，链霉素不容易接触到它，因此病人往往需要连续注射几个月链霉素才能见效。即使如此，当时的英国医学界仍然认为没必要进行什么科学检验，只要多找几个病人，观察一下疗效就可以了。

作为一个外行，希尔不信邪，他坚持必须先进行一次科学试验来验证链霉素的有效性。正好当时英国刚刚从"二战"中走出来，国库空虚，买不起那么多链霉素大量供应给医院，专家们只好同意先进行一次小规模临床试验，并请希尔来设计试验方案。希尔找来108名患者充当"试验品"，其中54人服药，52人作为对照。但究竟谁服药谁对照，完全是随机选取的，就连主治医生也不知道。这个方法是希尔所做的最大的贡献，他坚信医生的主观印象会影响试验的准确性，必须随机取样，并用统计学的方法对结果进行分析。

半年后，服药的病人中有28人病情明显好转，对照组却有14

人死亡，显示链霉素确实有效。假如事情到此结束的话，希尔的贡献就不会那么显著了。可是，三年后，服药组有32人死亡，对照组则死了35人，两者几乎不存在统计意义上的差别。这一惊人的结果让医生们得出结论：链霉素确实有效，但是一段时间后细菌会产生抗药性。假如当初没采用希尔的建议，那么医生们绝不会那么快就得出这个结论。

一旦找出原因，解决办法自然很快就想出来了，那就是在使用链霉素的同时，再让病人服用另一种药物。这个药很快就找到了，这就是"对氨基水杨酸"（PAS）。这种药单独使用时疗效并不高，但医生们希望两种药结合使用能对付细菌的抗药性，理由很简单：假如每种药物的抗药性产生概率都是1%，那么同时产生两种抗药性的概率就是1‰。试验结果验证了这一理论的正确性，链霉素＋PAS的方法使结核病人的存活率上升到了80%。

后来又有几种新药被发现，医生们又按照希尔的方法进行了几次试验，证明三种药物合用的疗效比两种药物还要好很多。如果三种药物持续用上两年的话，结核病的治愈率几乎可以达到100%。人类终于宣布攻克了"白色瘟疫"。

希尔的这一方法叫作"随机对照试验"（Randomized Controlled Trial），这种方法很快就成为医学研究领域的标准试验方法，目前所有已知的西药必须经过这种方法的检验才能上市。从此，西医从经验医学时期进入了实证医学的时代。

# 08

# 和温度赛跑，看谁死得快？

全球气候变化已经在影响地球的生态环境了，我们不必等到下个世纪就能看到结果。

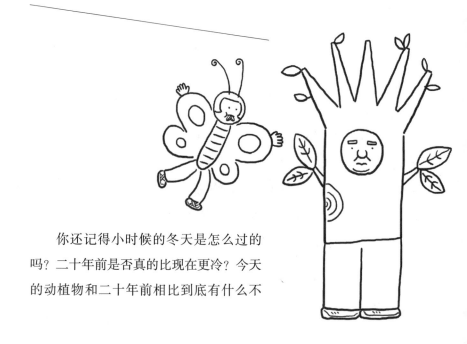

你还记得小时候的冬天是怎么过的吗？二十年前是否真的比现在更冷？今天的动植物和二十年前相比到底有什么不

同？这种不同和气候变化有关系吗？

类似的问题很多人都琢磨过，但答案很可能千差万别，因为大多数人对于二十年前的记忆都是模糊的，全球气候的变化速度又是那么慢，人类对于逐渐发生的变化完全不敏感。另外，人们身边发生的许多生态变化，比如可察觉的物种迁徙或者树木发芽时间的变更等，大都可以归因于人类活动的影响或者局部气象异常，与全球气候变化无关。所以，研究气候变化对生态系统的影响，必须在大的时间和空间尺度下进行，这就需要有长期而准确的观测数据做后盾。

其实，以数学为基础的近代科学历史很短，职业科学家有组织地对自然界进行系统观测只有100多年的时间。但是，历史上还是能找出很多业余科学家和博物学爱好者做过相对可靠的观测记录，比如有个英国家族自1736年开始每年都记下池塘里听到的第一声蛙鸣的日期，这个习惯一直保留到了1947年。

问题是，这些记录大都以日记、地方志或者旧杂志的形式散落在民间，收集起来十分困难。两位美国科学家卡米尔·帕米森（Camille Parmesan）和盖里·佑赫（Gary Yohe）以惊人的毅力收集了大量这类民间记录，范围涵盖1598个物种。两人对这个庞大的数据库进行了"元分析"（Meta-analysis），这是一种对来自不同研究的结果进行汇总分析的统计工具，是数学界公认的进行这类研究的最佳分析方法。结果显示，其中有59%的物种都表现出对全球气候变化有着某种程度的改变和适应。

两人把分析结果写成论文发表在2003年出版的《自然》杂志上，这篇文章第一次系统地证明，全球气候变化已经对全球生态系统产生了影响。两人甚至计算了这种影响的程度：陆生物种的栖息地每十年向极地方向移动6.1公里，向高山上移动6.1米（海拔），每年开春后陆生物种复苏的时间每十年提前2.3天。

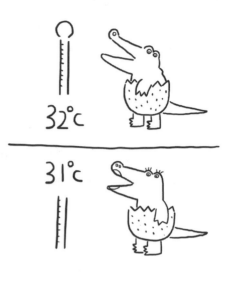

这样的速度看起来很缓慢，但如果移动的路径被挡住，麻烦就来了。墨西哥北部有一种斑蝶（Checkspot Butterfly），近年来其栖息地一直在向北移动。但当它们迁移到美墨边境时却继续不下去了，因为那边是美国第七大城市圣地亚哥，繁华的城市挡住了它们迁移的路径。研究人员估计，如果人类不帮忙的话，这种蝴蝶活不过本世纪就将灭绝。

如果所有物种都一起改变，问题也许还没那么严重。但是不同物种应对温度变化的能力有所不同，麻烦就来了。北半球有一种蛾子（*Operopthera brumata*），其幼虫只能吃新生橡树叶，因为只有新生的叶子才足够软，大了就硬了，幼虫嚼不动。于是，经过多年的进化，这种蛾子每年春天孵化，正好赶上橡树发芽。实验证明，蛾子是依靠温度感知春天来临的，而橡树则是根据上一个冬天寒冷日子的天数来决定发芽的时间。全球变暖让北半球的春天来得越来越早，蛾子幼虫感受到了温度变化，从卵中钻了出来，可橡树只计算了上一个冬天最冷的那几天的天数，全球气候变化暂时还未影响到这个数字，于是它们仍然按兵不动。刚刚孵化出来的蛾子幼虫没有树叶吃，坚持不了两天就得饿死。蛾子种群数量的下降已经开始影响到鸟类的生存了，因为很多种鸟靠吃蛾子幼虫为生。

爬行类动物面临的问题更严重，因为很多爬行动物的性别比是由温度决定的。有一种美国鳄鱼，如果孵化温度在32℃以上，孵出来的幼崽就都是雄性的，如果低于31℃，则全部变为雌性。还有一种热带彩龟（*Chrysemys picta*），其幼崽的性别比例也是由孵化时的环境温度所决定的。研究表明，这种彩龟的性别比已经受到了全球气候变化的影响，生物学家预计，如果冬季气温再上升一点点的话，新生彩龟将全部是雌性的。

也许有人会说，进化的力量一定会让斑蝶慢慢适应高温，让蛾子慢慢改变孵化时间，或者让爬行动物调整性别决定的阈值，这个说法没错，但进化不是一天两天就能发生的，需要漫长的过程。人类活动造成的全球气候变化本身不是什么了不起的事情，问题是它发生的速度太快了，许多物种还没等适应就被消灭了。

# 09

# 基因决定了你的智商吗？

人的智商是否由基因决定？
这是一个危险的课题。

诺贝尔奖获得者、DNA 双螺旋结构的发现者之一詹姆斯·沃森博士曾经在一次公开讲话中暗示黑人的智商比其他人种低。可就在 2007 年 12 月 9 日，英国《泰晤士报》爆料说，沃森有 16% 的基因很可能来自黑人。如果此事属实，是否说明黑人一点也不笨？可是，一个聪明人怎么能说出这样的傻话呢？看来黑人的智商确实有问题？

无论怎么推理，结果都令人尴尬。因为人的智商历来是一个非常敏感的话题。你可以嘲笑某人个子矮，但绝对不能指责他的智

商,否则肯定要打起来。因为高矮胖瘦指标明确,没法否认,智商的界定可就没那么清晰了。要想进行研究,科学家只能从极端的情况着手,研究最聪明和最傻的群体之间的差别。

先来对比一下人和黑猩猩吧。2007年5月,中科院昆明动物所研究员宿兵在《人类突变》杂志上发表了一篇论文,声称他领导的小组发现了一种名为KLK8的基因在人和黑猩猩之间存在明显差异。该基因负责编码一种**丝氨酸蛋白酶**(Neuropsin),这种酶在人脑中含量很高,被认为与大脑的发育密切相关。人的KLK8基因只比黑猩猩的相差一个基因位点,但这个位点改变了该基因的剪切加工过程,使得人类的丝氨酸蛋白酶要比黑猩猩的多45个氨基酸。这多出来的部分究竟是如何起作用的呢?目前还不得而知。

相似的研究在人身上就不好做了,因为人类之间的基因差别很小,很难找到规律。2007年12月初,英国伦敦心理学研究所的罗伯特·普洛民（Robert Plomin）教授在《基因、大脑和行为》杂志上发表了一篇论文，认为人类基因对智商的影响不大。普洛民教授找来了7000名7岁儿童，让他们做一系列精心设计的测试题，以此研究他们的推理能力。之后，普洛民教授从这些儿童的血液中提取DNA，把它们加入一种特制的基因芯片，快速地自动检索50万个基因位点的差异，结果他发现这7000个孩子当中有几百个基因位点都存在差异。

为了缩小范围，普洛民把注意力集中到智力水平最高和最低的两群孩子身上，结果他找出了6个对智力影响最大的基因位点。可是，进一步的量化研究发现，这6个基因位点对智商差异的贡献加起来只有1%左右，其中影响最大的基因位点的贡献是0.4%，非常小。

"这不奇怪，"纽约大学心理学家盖里·马科斯评论说，"智力和人脑的组装过程有关，人类基因组中至少有一半的基因参与这个组装过程，你需要上万个基因一起发挥作用，才能组装完成一个健康的大脑。"

可是，另一位科学家有不同的意见。"不能从这项研究中得出结论说：智力是不能遗传的。"哈佛大学神经生理学家史蒂芬·平克评论说，"基因对智力的影响有多种形式，非常复杂。"平克认为，利用基因芯片做基因组全扫描的研究方法目前尚处于摇篮阶段，无论是生化领域还是统计学领域都有很大的改进空间。他坚信人类的智商确实是可以遗传的，只是政治家们不愿意承认这一点。

平克的想法很快就得到了验证。根据最新的消息，纽约一所医学院的研究人员凯瑟琳·伯迪克重复了普洛民的实验，她同样利用基因芯片检测了50万个基因位点，结果发现影响智力最强的3个基因位点对智力差异的影响大约是10%，比普洛民的结论高出10倍以上。

上述两篇论文均发表于水平一般的杂志上，显示这两个试验都处于初级阶段，并没有揭示出基因影响智商的生化基础。事实上，关于基因和智力发育的研究总体上水平不高，虽然理论很多，但得到公认的理论很少。

有个理论值得一提，叫作"幼态延续"（Paedomorphosis），大意是说某种动物的幼年发育期过长，导致成年时仍然保留了很多幼时的特性。比如，相比于其他的高等哺乳动物，人类大脑的发育期非常长，可以一直延续到十几岁，而黑猩猩的大脑几岁后就停止发育了。众所周知，幼年的黑猩猩智商堪比同龄的人类，但它们的大脑很快停止发育，智力水平也就停止在幼儿时期了。

这个理论的优点在于简单。想想看，只要一个主管发育的基因发生突变，造成大脑的"幼态延续"，就能让那头幸运的黑猩猩变成人啦！当然了，实际情况绝对不是那么简单，因此这个理论还存在很多需要改进和完善的地方。

2006年3月，《自然》杂志发表了一篇论文，间接地支持了这一假说。论文作者来自美国国立卫生研究院，他们找来309名年龄在6—19岁的健康儿童和青少年，用核磁共振的方法测量了他们大脑皮质的厚度。大脑皮质指的是大脑外壳富含褶皱的部分，是大脑进行复杂思维活动的主要场所。正常情况下，儿童的大脑皮质发育曲线呈钟形，其厚度在8岁左右达到顶峰，然后逐年下降。这次研究意外地发现，聪明孩子的大脑皮质的发育比普通孩子来得要晚一些，其厚度直到11—12岁才达到顶峰，显示这些孩子大脑发育定型所需要的时间比普通孩子要长。

"虽然有证据表明基因确实和大脑发育的速度有关，但大家千万别认为这项实验证明了智力是可以遗传的。"牛津大学实验心理学家理查德·帕辛翰姆在论文后面发表的一篇评论说，"人类大脑的发育过程和环境因素有着很大的关系，那些聪明的儿童也许生活在一个信息丰富的环境里，所以他们的大脑发育才会一直不停。"确实，科学家们很早就知道，大脑皮质非常具有可塑性，很多因素都有可能对它的发育起作用。

一个说有关，一个说无关，到底智商和遗传有没有关系呢？

事实上，大多数从事"聪明基因"研究的科学家在解释数据时都会十分小心，稍有不慎即会给民众一个歧视的理由。想想看，如果你知道了智力是遗传的，会不会对某些人群另眼相看呢？比如，如果你知道你身边的朋友有16%的黑人基因，你会改变对他的态度吗？这并不是一个容易回答的问题。

# 10

## 开心手术

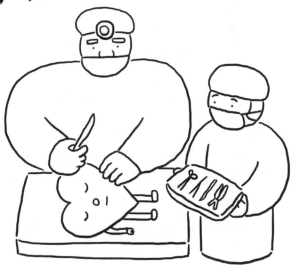

登山家的终极目标是珠穆朗玛峰，
外科医生的终极目标是开心手术。

心脏有多重要？人类最早的死亡定义就是心跳停止。可在外科医生眼里，心脏就是一团肌肉而已，修补心脏从技术上来说就像缝合伤口一样容易，关键是手术的同时怎样维持血液的流动，这可就难了。难怪著名的德国外科医生 T. H. 比尔罗斯在 1893 年说过一句很有名的话：所有想尝试心脏手术的医生都会遭到同行的鄙视。这话的意思是：心脏手术等于杀人。

最早的心脏手术都是在不打开心脏的前提下进行一些小修小补。1923 年，美国波士顿的一名医生冒险把一把小刀插进病人的心脏，割开了被阻塞的冠状动脉瓣，竟然获得了成功。这绝对应当算是个意外，因为那个时候抗生素还没有被发现，输血和麻醉技术也都没有过关！难怪他后来的几例类似手术均告失败，他的冒险生涯被即时终止了。

"二战"给了外科医生一个试验的机会，因为很多士兵被子弹或者弹片击中心脏，必须想办法取出来。医生们只敢在心脏上开一个小口子，迅速取出异物，立即缝合伤口。同样的方法也适用于一些小手术，比如割开瓣膜、疏通血管之类，医生不需要看见病灶，只需要插进一根手指或者一把小刀，依靠经验摸黑完成任务，就立即退出。可是，像法洛氏四联症（Fallot's Tetralogy）这样的先天性心脏病病因复杂，需要缝合心室之间的缺损，看不见病灶就没法下针。一个顶尖的外科医生进行一次这样的手术最快也需 15 分钟，而大脑在缺氧 5 分钟后就会死亡，两者之间相差 10 分钟之久。

加拿大医生比尔·比格洛（Bill Bigelow）想出了一个解决办法。他注意到低温下的动物心跳可以变得很慢，大脑对氧气的需求会降低很多。于是他提出把病人的体温降下来，为开心手术赢得了几分钟的宝贵时间。第一例采用低温法的开心手术于1952年在美国明尼苏达大学实施，获得了成功。可是，医生们很快发现，很多病人的心脏缺损比预期的复杂，几分钟是不够的。

最终的解决办法来自一位英国实习医生。1931年，28岁的约翰·吉本（John Gibbon）奉命看护一个刚刚进行完手术的病人，那个病人得了肺栓塞，血液凝块阻塞了心脏通向肺部的血管。主治医生立即进行疏通手术，虽然只用了6分30秒，但病人还是死在了手术台上。吉本受了刺激，回家苦思冥想，终于想出了一个办法：用血泵代替心脏，让血液在体外进行氧气和二氧化碳的交换，再输送回身体里。

这个想法实施起来难度很大，最大的困难在于模仿肺泡的功能。血液在肺泡中进行气体交换，而肺泡的总面积和网球场差不多大！吉本想出一个办法，让血液经过一个离心机，离心力把血液铺展成一个薄膜，这样就可以充分进行气体交换了。可是，离心力太大会压碎血细胞，需要经过多次试验才能找出合适的速度。

除此之外，还有很多与人体生理有关的问题需要解决，吉本没钱，只好拿自己做试验。比如，为了测量体温对末端血管的收缩强度造成的影响，吉本把一支温度计插入自己的肛门，然后再吞下一根胃管，让妻子从外面往胃里灌冷水，降低自己的体温。经过多年努力，吉本终于制成了世界上第一台"心肺机"。

1952年，吉本进行了全世界第一例在"心肺机"辅助下实施的开心手术，结果以失败告终。第二年他又进行了三例这样的手术，只有一例成功，其余两人眼睁睁地死在了他的手术台上，这让吉本有点受不了了，便宣布放弃开心手术，并停止了关于"心肺机"的实验。

吉本的失败给了整个心脏外科领域的医生当头一棒，很多人都绝望地认为，心脏是神秘之地，不能随便被打开。

不过，科学的发展很快就把绝望变成了希望。1954年，首创低温开心手术的明尼苏达大学的外科医生又进行了世界上第一例志愿者辅助下的开心手术，也就是用一个活人的心脏代替"心肺机"，帮助病人进行血液循环，结果获得了成功。之后不久，一位名叫理查德·德瓦尔（Richard DeWall）的科学家发明了"气泡充氧法"，就是往血液里灌氧气泡，避免了离心机给血液带来的破坏作用。随着新技术的实施，以及医生们经验的增加，开心手术的成功率大幅度上升。如今这已经是心外科医生必须掌握的一种手术了，成功率极高。

开心手术的成功是人类医疗史上的一项划时代的成就，它为医学界注入了乐观的空气，从此人们终于相信，医学的发展是无止境的，一切皆有可能。

# 11

# 记仇的基因

你从父母那里继承的不光是他们的基因序列，还包括他们的生存环境。

如今任何一个小学生都会知道，即使你从小就砍掉老鼠的一条腿，长大后它也不会生出一只缺胳臂少腿的残疾小老鼠来。不管你多么坚持不懈地拉伸老鼠的脖子，它们的后代也不会变成长颈鹿。用生物学的名词来解释，这就是说后天得来的性状是不会遗传给下一代的。

别小看这件事,在基因的秘密没有被发现之前,人类曾经为这个理论争吵了好多年。但如今任何一个中学生都会告诉你,后天性状之所以不会遗传,就是因为遗传性状是由基因决定的。不管后天条件如何变化,基因是不会变的。

如今任何一个大学生都会告诉你,基因就是DNA,或者更准确地说,是DNA长链上的字母(碱基对)顺序,比如AATCGG之类的。这个顺序决定了蛋白质的构成,也就决定了细胞和个体的性状。如今基因检测之所以如此火爆,就是因为人类迫切地想知道基因序列是如何影响人体健康的,从而更好地预测疾病的发生。科学家们则希望找到两者之间的对应关系,以便为疾病的诊断和治疗找到突破口。

总的来说,生命的这个特征应该是件好事,它给了生命一个重新开始的机会。想想看,如果一个母亲因故瞎了一只眼,她绝不会因此而担心生出残疾的孩子来。

但是,这个理论正在受到挑战。科学家们发现,至少在某些情况下,基因是会"记仇"的!早在2002年,美国阿肯色大学医学研究中心的科学家就通过实验发现,如果在小鼠发育的早期人为改变它们的食物成分,会对它们后代的健康产生不利的影响。后续研究证实,这是幼鼠DNA上的甲基修饰物发生了变化所致。这种甲基修饰物相当于在基因序列的特定地方插上"小旗子",这些"小旗子"改变了DNA的活性,从而改变了细胞的性状。换句话说,即使两只小鼠的DNA序列完全一样,也会因为"小旗子"的位置不同而产生不同的结果。

这个结论其实是很容易理解的。多细胞生物每个细胞的基因基本上都是一样的，它们之所以会分化出各种各样不同类型的细胞，部分原因就在于所插的"小旗子"不同。研究这一现象的学问叫作"表观遗传学"（Epigenetics），以和普通遗传学区别开来。简单来说，普通遗传学研究的是基因序列对生物性状的影响，表观遗传学研究的则是基因序列之外那些能够改变生物遗传性状的因素。比如，DNA分子上的那些"小旗子"（甲基）就是可以遗传的，所以在那个实验中，小鼠们把后天环境的变化遗传给了它们的后代。

自从发现了这一现象后，表观遗传学领域进展神速，因为它颠覆了前人的经验。想想看，如果一位母亲在幼年时期吃了不洁的食物，或者喝了遭受污染的水，结果不仅仅她本人的身体健康会受到影响，而且还会把这一不良影响传递给她的后代，这该是一件多么可怕的事情啊！不幸的是，越来越多的证据表明，这完全是一件有可能发生的事情。

这个令人震惊的结果足以为我们敲响警钟。随着人类生活水平的提高，我们的居住环境正在逐渐恶化。有一种理论认为，这是经济发展过程中必须付出的代价，但表观遗传学理论告诉我们，环境对人类的改变是可以遗传的，不但我们的生活会受环境污染的影响，我们的后代也将为此付出代价。

举例来说，人类的很多精神疾病一直没能找到相对应的致病基因，但有科学家认为，致病基因确实存在，但不能只从基因序列中去找，还应该仔细检查一下基因的后天修饰物，也就是那些小旗子。比如，美国杜克大学医学院人类遗传学系副教授西蒙·格雷戈里（Simon Gregory）及其同事在2009年10月出版的BMC医学杂志上发表论文指出，人类的自闭症很可能与一种催产素受体（Oxytocin Receptor，OXTR）基因的甲基修饰物有关。这些"小旗子"很有可能就是由于某种后天环境因素的影响而插上去的。

2010年10月29日出版的《科学》（Science）杂志的封面故事就是关于表观遗传学的。著名的美国霍华德·休斯医学院（Howard Hughes Medical Institute）教授丹尼·雷恩伯格（Danny Reinberg）为这个专题撰写了一篇综述性文章，指出除了DNA甲基化之外，还有很多细胞因素也可能会对基因的作用方式带来影响。这些以前一直被忽视的细胞因子帮助细胞们"记住"了它们的生存环境，并把这一信息遗传给了下一代。

看来，基因也是会"记仇"的，我们真的要小心一点。

# 12

# 你有数学基因吗?

一个人的数学能力是天生的还是后天培养的?

　　阿基米德被认为是古希腊最聪明的人。据说国王曾经让他鉴定一顶王冠的真伪,他在洗澡时突然想出一个绝妙的办法,把王冠浸入水中,排出的水的体积和王冠的体积相等,这样就能算出王冠

的比重，再和纯金比较一下，就能知道答案了。于是他激动地从澡盆里冲出来，大喊："Eureka! Eureka!（找到了！找到了！）"

这个故事流传甚广。但是，斯坦福大学的阿基米德专家热维尔·内兹否定了这个说法。他认为这个故事的作者根本不了解阿基米德，这个测王冠的办法非常直观，小学生就能懂，根本无法代表阿基米德的数学水平。阿基米德最重要的贡献是提出了"无穷数学"的解决思路，并用这个思路找出了"化圆为方"（计算圆面积）的计算方法。他确实写过一本《论浮体》，但这本书根本没有提到过王冠问题，而是花了大量笔墨论证了水中物体受到的浮力等于其排开水的重量。这个绝妙的发现需要用到抽象思维，这才是真正考验数学家水平的问题。

数学最大的特征就是抽象，抽象思维是人类特有的一种思维方式，但缺乏抽象思维能力的人智商并不一定就低。事实上，心理学家证明两者之间没有必然的联系。

生活中有时会碰到一些数学很差的人，他们不会简单的加减乘除，买东西不会算钱，甚至连数字时钟都不会看。但是，他们中的大多数人一点也不笨，其他方面的智力完全正常。心理学家把这种现象叫作"算数障碍"（Dyscalculia），和大名鼎鼎的"阅读障碍"（Dyslexia）很相似，两者大约各占总人口的5%。

算数障碍和阅读障碍都是人类特有的现象，因为两者都涉及对抽象符号进行思考的能力。就拿数学来说，包括人类在内的很多高等动物天生都具有"大致数感"（Approximate Number Sense），也就是说，在面对两棵结满果实的大树时，很多动物都能立刻判断出哪棵果树上的果实多。显然，这种能力会让动物们更好地在野外生存下去，因此受到了进化的青睐，最终被固化到动物的基因组里。

人类在此基础上更进了一步，把果实的总量抽象成了准确的数字，并且学会了怎样抛开具体的实物，对抽象的数字进行加减乘除的运算。那么，这种抽象能力到底是天生的，还是后天学习得来的呢？这个问题很难回答，因为我们很难判断一个数学能力差的孩子到底是基因出了问题，还是遇到了一个不好的老师。

法国法兰西学院的斯坦·德希尼（Stan Dehaene）教授进行过一个著名的实验，试图回答上述问题。他发现在亚马孙河流域生活着一个原始部落，在他们的语言里只有 1 到 5 这五个数字。德希尼设法让部落里的原住民做一个电脑游戏，先在屏幕上画一条直线，

最左边放一个点,最右边放 10 个点,然后随机给出 1 到 10 中的任意一个数字,让原住民自己选择这个数字应该被放在直线的哪个部位。照理说数字 5 肯定应该被放在直线的中点,但是原住民们却都把 3 放在中点,而把 5 放在了靠近 10 的位置。德希尼解释说,有**抽象数字能力**的人知道 5 是 10 的一半,但是原住民们并不知道数字的真正大小,他们不会线性思维,而只会用比例来思考,也就是说,他们觉得 10 只是 5 的二倍,而 5 是 1 的五倍,所以 5 的位置应该更靠近 10,而不是 1。

"靠打猎和采野果为生的原住民们没有任何理由需要知道 37 和 38 之间的差别,"德希尼总结道,"他们只需要具备'大致数感',即知道比 37 多 20% 或者少 20% 是什么样子的就行了。"

这个实验说明,抽象数字这个概念是和语言有关的,因此是通过后天学习得来的。目前这一派占了上风,他们认为"算数障碍"的原因是后天学习不得法,所以可以通过改进学习方法来解决。

但是,美国约翰·霍普金斯大学的心理学家贾斯汀·哈尔博达(Justin Halberda)所做的一个实验却对这一派学说提出了质疑。他找来 64 名 14 岁的孩子,让他们看电脑屏幕上闪现的一堆包含两种颜色的小球,然后判断哪种颜色的球数量多。这个小测验测量的是孩子们"大致数感"的能力,它再次证明,这个能力与绝对数量无关,只与比例有关。两种颜色球的比率越是接近 1:1,孩子们出错的概率就越大。这个很容易理解,一个红球对两个黄球很容易猜对,而 15 个红球对 17 个黄球就不一定了,虽然后者的差别是 2,比前者高。

通常认为,"大致数感"是天生的,人与人之间没有差别。

但出乎哈尔博达意料的是,这批孩子的"大致数感"能力差别很大,有的孩子在比率为 4∶3 的时候就已经很难做出准确判断了。

接下来的事情更令人惊讶。哈尔博达对比了"大致数感"测验的得分与孩子们的数学成绩,结果发现两者有着惊人的相关性。既然"大致数感"是遗传的,那么这个结果说明一个人数学能力的好坏与他的基因有关。也就是说,很难通过提高教学质量来治疗"算数障碍"的孩子,必须想别的办法。

目前这两派学说都有一些证据支持,双方谁也说服不了谁。因此有人提出,也许"算数障碍"有两种不同的机理,需要区别对待。如果事实确实如此,那么首要问题就是尽快找出一种准确的筛选机制,尽早明确孩子究竟属于哪种情况,才能对症下药。

# 13

## 气候变化导致的战争

越来越多的证据表明,气候变化能够导致战争。

2010年元旦这天,索马里海盗劫持了两艘商船,包括5名中国人在内的49名船员成为人质。这件事轰动了整个世界,很多人都不敢相信21世纪会有海盗,还以为那是几百年前才有的东西。

索马里为什么盛产海盗?这个问题要到陆地上去寻找。国际社会曾经流行过两种说法,一种说法把矛头指向了政治和宗教,指责索马里政府的无能导致宗教冲突严重，于是整个国家陷入内战，民不聊生。另一种说法把矛头对准了索马里人，指责当地居民对土地资源管理不善，农民毁林开荒，牧民过度放牧，导致整个国土面积迅速沙漠化，降水减少，粮食减产，畜牧业凋零。人们靠土地吃不饱饭，只能把目光转向大海。

两种说法也许都有道理，但科学家们提供了另外一种解释。美国国家大气研究中心的亚历山德拉·吉亚尼尼（Alessandra Giannini）博士和她领导的一个研究小组运用计算机模型研究了这一地区的降水成因，发现印度洋海水温度的上升才是索马里干旱的罪魁祸首。相比之下，当地人对土地资源的管理不善只是一个很小的因素，起不了决定性的作用。这篇论文发表在2003年10月的《科学》杂志上，可惜并没有引起很多人的关注，因为这个结论似乎是违背常识的。

通常情况下，气温的上升必然导致大气水蒸气含量的增加，因此也就会带来更多的降水。气象学家估计，地表温度每上升1℃，降雨量平均就会增加1%。问题在于，降雨量的增加在各个地区的分布不均。根据联合国政府间气候变化专门委员会（IPCC）提供的数据，全球变暖将导致北半球高纬度地区冬季降水量的增加，但美洲西海岸和非洲中部则会变得更加干旱，其中受影响最大的就是萨赫勒（Sahel）地区，这是位于非洲赤道附近的一个长条形地带，北临撒哈拉沙漠，南接中非热带雨林，塞内加尔、马里、尼日尔、乍得、苏丹、埃塞俄比亚和索马里等近年来屡屡登上国际新闻头版的动荡国家均属于这一地区。这里地势平缓，全年的绝大部分降水都来自季风带来的短暂雨季。印度洋水温的上升改变了季风的强度，把整个萨赫勒地区慢慢变成了沙漠。当地人为了争夺日渐稀缺的资源，只能诉诸武力。

根据美国气象学家蒂姆·沙纳罕（Tim Shanahan）教授所做的研究，这一地区目前的旱灾很有可能只是个开头，真正可怕的事情还在后头。沙纳罕教授的研究对象是位于加纳的波苏米湖（Lake Bosumtwi），这是一个陨石撞出来的湖，湖里的水几乎全部来自降雨。沙纳罕教授研究了过去3000年来湖底淤泥成分的变化，发现这一地区历史上经常发生持续几十至几百年的旱灾，最严重的一次旱灾发生在1400年左右，并一直持续到1750年。这次旱灾是如此严重，以至于从湖底长出了几十米高的大树。最近的一次旱灾则发生于上世纪七八十年代，那次旱灾虽然只持续了短短20年，却至少饿死了10万人，给当地经济带来了沉重的打击。

这篇论文发表在2009年4月17日出版的《科学》杂志上，沙纳罕教授对比了海洋水温的历史记录，发现这一地区的旱灾与大西洋的水温波动有着密切的关系。大西洋温度的变化也能改变季风强度，导致旱灾的发生。

但是，气候研究存在着很大的不确定因素，尤其是全球变暖与降水量变化之间的数学模型仍不完善，不同的研究者会得出完全不同的结论。比如，曾经有人通过气候模型研究，得出结论说20世纪70年代的"全球变暗"现象才是萨赫勒地区干旱的原因。所谓"全球变暗"指的是大气颗粒物浓度的增加阻挡了太阳光，导致地球温度略有下降。

那么，全球变暖到底会不会让这一地区变得更加干旱呢？这个问题并不那么容易回答。于是美国加州大学伯克利分校农业与资源经济系的马歇尔·伯克（Marshall Burke）教授决定避开降水量这一难题，另辟蹊径，研究一下温度与战争之间的关系。自1960年以来，有超过2/3的撒哈拉南部国家发生过内战，伯克教授统计了萨赫勒地区所有死亡人数大于1000人的内战，并和气象台记录的平均温度做对比，发现气温和内战频率密切相关，气温每升高1°C，发生内战的可能性就增加49%。即使抛开人口增加和政治因素，这一趋势仍然成立。

这篇论文发表在2009年10月出版的美国国家科学院院报（*PNAS*）上，伯克教授在文章中指出，根据IPCC对未来气候变化的预测，该地区到2030年时发生战争的频率将会上升54%，死亡人数将会达到40万人。

高温为什么会导致战争呢？伯克教授认为，这些国家GDP的一半来自农业，超过90%的就业人口务农为生，收成的好坏直接影响到社会的稳定。农业虽然与降水量有直接关系，但与温度的关系也是非常显著的。高温会加大植物的蒸腾作用，使得农作物更需要水。研究表明，非洲地区的气温每上升1°C，粮食产量就下降一到三成。

也有人不同意这个解释。他们认为，即使农业未受影响，只要气温升高，暴力事件的发生频率便会上升，因为高温容易使人脾气暴躁。

不管真正的原因怎样，这篇文章为世人敲响了警钟。现代人更喜欢把战争的原因归于政治、经济或者宗教，但起码在非洲萨赫勒地区，气候变化很可能是导致战争的一个重要因素。

# 14

## 青霉素的发现

青霉素的发现可不全是因为运气。

海明威的小说《乞力马扎罗的雪》里面的主人公因为在非洲打猎时不慎被树枝刮了一个口子,就不得不痛苦地死去。今天的人们不必如此担心,因为我们有抗生素。

世界上第一个抗生素就是1928年被亚历山大·弗莱明(Alexander Fleming)发现的青霉素。不过,青霉素的发现完全是一次偶然事故,其中的巧合简直匪夷所思。

那是1928年的夏天，伦敦圣玛丽医院的微生物学家弗莱明把几个金黄色葡萄球菌培养皿扔在实验室的架子上，去外地度假了。回来后他发现其中一个培养皿里污染了一个霉菌菌落，他刚要扔掉这个培养皿，却突然发现菌落周围有一个透明的圆圈，这意味着圆圈里的葡萄球菌都被杀死了。他用霉菌提取液又试了一次，确认了这种霉菌的杀菌效力，后来证实这就是青霉菌。

科学家知道后纷纷各自进行了同样的实验，却没能重复出来。于是，关于青霉菌的实验就被搁置了下来，人类一等就是10年。

为什么重复不出来呢？原来，青霉菌最适宜的温度是20℃，金黄色葡萄球菌则最喜欢35℃。假如弗莱明按照通常的做法，把培养皿放进35℃培养箱，那个青霉菌菌落就不会长起来了。不但如此，有历史气象资料显示，伦敦在1928年7月底的时候正好经历了一次降温，也就是说，在弗莱明度假的那9天时间里，实验室的温度下降到了20℃左右，于是青霉菌这才得以疯长。

先别慨叹，人类的好运气这才刚刚开始。后人研究证实，那个污染了弗莱明培养皿的霉菌是一个非常罕见的菌种，能分泌出大量的青霉素。这种霉菌在自然界中含量极少，要不是他楼下正好是另一位真菌专家拉托什的实验室，要不是拉托什那几天正好没关窗户的话，这个青霉菌孢子就不会逃出来，并飞进了弗莱明的屋子，又恰好落在了放在架子上的金黄色葡萄球菌培养皿里，也就没弗莱明什么事了。

弗莱明的好运气终于到此为止了，因为他和同时代的科学家都相信，任何能够杀死细菌的化学物质都会对人体产生同样的伤害，因此他没有坚持研究下去。

真正发现青霉素的医疗价值的人是来自牛津大学的霍华德·弗洛里（Howard Florey）和恩斯特·钱恩（Ernst Chain），他们取得的成就和运气一点关系都没有，而要归功于两人扎实的科学基本功。首先，精通化学的钱恩提纯了青霉素，为后来的进一步实验打下了良好的基础。其次，弗洛里设计了一个精密的科学实验，他把钱恩提纯的青霉素注射进5只感染了链球菌的小鼠体内，另外5只同样感染了链球菌的小鼠则被作为对照组。结果注射了青霉素的小鼠全部康复，而且没有副作用，对照组小鼠则全部死亡。

这项实验进行的时候，第二次世界大战刚刚开始。虽然英军从敦刻尔克成功撤退，但是伤亡惨重，当时唯一的抗菌药物磺胺显然是不够用的。不过，那次成功撤退的壮举激发了英国人的斗志，弗洛里和钱恩受到鼓舞，决定冒险进行一次人体试验。他们把牛津大学的实验室变成了一个化学工厂，日夜兼程，终于生产出了足够剂量的青霉素。

1941年2月12日，一位43岁的英国警察阿尔伯特·亚历山大成为人类历史上第一个被青霉素救治的病人。因为青霉素得来不易，价格比黄金还贵，主治医生不得不每天收集亚历山大的尿液，拿回实验室重新提取青霉素。这次临床试验一开始非常成功，病人的病情得到了极大的缓解。可惜的是，试验进行到第五天后青霉素用完了，病人死亡。

虽然如此，这次试验给了科学家极大的信心。此后发生的事情就不必多说了，青霉素成为人类历史上第一种几乎没有副作用的抗生素，挽救了无数人的生命。弗莱明、弗洛里和钱恩因此成果分享了1945年的诺贝尔生理学或医学奖。

值得一提的是，科学家通过实验找到了青霉素杀菌的秘密。原来，大部分细菌都属于原核生物，细胞外面有细胞壁保护。青霉素能够破坏细胞壁中的重要物质——肽聚糖的合成，因此细菌就无法合成出完整的细胞壁，人类的免疫系统就能够钻个空子，把细菌杀死。另外，人类属于真核生物，只有细胞膜，没有细胞壁，因此青霉素对人体不起作用。

现在再回过头去看看那段历史，我们可以发现，虽说弗莱明最初的发现是无数巧合的结果，但青霉素的发现和临床使用则完全得益于现代科学的发展。其实我们的老祖宗曾经发现过类似的现象，李时珍的《本草纲目》就记载着霉豆腐渣可以用来治疗恶疮和肿毒。可是，由于没有现代科学作为支持，老祖宗的发现就只能停留在霉豆腐渣阶段，病人只有碰运气，希望自己家的那块豆腐上落下的正好是一粒神奇的青霉菌孢子。

# 15

# 人的个性是从哪里来的?

一个人的基因定下了,是否说明他的个性也跟着定下了?

世上找不出两个完全一样的人,每个人的长相、生理机能和性格都是独特的,这是怎么回事呢?

最明显的理由是基因。人类基因组包含2万多个基因,每个基因都有不同的功能，活性也都不一样，这些不同基因的排列组合就是个性的主要来源。写到这里，肯定有人会想到同卵双胞胎。事实上，因为基因复制过程总会出错，同卵双胞胎之间的基因肯定也是有差异的，只是差异很小而已。同卵双胞胎个性的不同，也可以用基因差异来解释。

换句话说，世界上不存在两个基因完全一样的人，讨论两个基因一样的人是否会有不同的个性，只存在理论上的价值。

但是，"理论价值"不等于"没有价值"。同样的问题换一种问法，就有实际价值了。上面那个问题可以换成一个等价的问题：如果一个人的基因已定，是否他的个性就完全定下了，没法再改变了呢？

这个问题很宏大，需要用可靠的实验数据来回答。拿人来做实验显然不现实，事实上，任何多细胞生物都太过复杂，必须先从单个细胞开始研究。不过，和大多数人的直觉正相反，单个细胞是最不容易研究的。纵观科学发展史，你会发现基于单个细胞的研究一直是生物学领域的软肋，因为细胞太小了，研究起来非常困难。科学家们通常的做法是先制造出一大堆基因完全一样的细胞（克隆），然后把它们混在一起，研究它们的集体特性，得出的结果再除以细胞总数，就是单个细胞的个性。显然，这样做的基础在于假定克隆细胞的基因都是一样的，它们的个性也都是相同的。

不过，上述假设遇到了强有力的挑战。2010年7月30日出版的《科学》杂志上刊登了一篇论文，报告了一个令人惊讶的结果。这篇论文的作者是哈佛大学化学和生物化学系教授谢晓亮（Sunney Xie）博士，他领导的一个研究小组发明了一种荧光染色法，可以定量地将大肠杆菌内的信使核糖核酸（mRNA）和蛋白质进行染色。染色后的大肠杆菌依次通过一台高速荧光定量检测仪，就可以准确地测量出每一个细胞内部的特定 mRNA 以及特定蛋白质在那一瞬间的准确含量。

需要说明一下，蛋白质的生产过程需要经过两个步骤。第一步是按照设计图纸（DNA）的规定成立相应的施工队（mRNA）；第二步是施工队在车间里生产出特定的蛋白质。以前的理论认为，一旦设计图纸定好了，那么在特定的内部和外部环境下，细胞内的施工队数量也就确定了，而一旦施工队数量定了，蛋白质的数量也就跟着定下了。

为了检验这个理论的正确性，研究人员选出了 1018 个基因（约占大肠杆菌基因总数的 1/4），对它们的 mRNA 和蛋白质进行定量研究。结果发现，单个细胞内某个蛋白质的总数在 0.1—10000 之间浮动，相应的 mRNA 的数量在 0.05—5 之间浮动。也就是说，单个细胞内蛋白质和 mRNA 的数量存在巨大的差异，有的细胞内连一份拷贝都找不到，有的细胞内却能找到成千上万份拷贝。

事实上，科学家们早已知道细胞内的蛋白质数量存在差异，但这个实验第一次用如此精确的方法测量了种类如此之多的 mRNA 和蛋白质，得出的结论也着实让科学家们大吃一惊。要知道，这些细胞都来自同一个克隆，基因完全一样，所处环境也没有任何区别，为什么它们体内的 mRNA 和蛋白质数量竟然存在如此巨大的差异呢？

谢晓亮博士认为，这里面不存在什么奇怪的机理，答案只有一个，那就是"随机"。在他看来，一个细胞内的蛋白质图纸（基因）通常只有 1—2 张，负责成立施工队的部门（转录调控因子）往往也只有少数几个，两者之间的合作存在极强的随机性，某段时间内双方很可能碰巧没有碰上，于是 mRNA 的生产便停止了，蛋白质也就跟着停产了。

谢晓亮博士还预测，高等动物细胞内的这种"随机性"应该比大肠杆菌更高，因为高等动物的 DNA 都是卷在一起的，解开染色体链的过程非常烦琐，步骤更多，因此蛋白质生产过程受到概率的影响也就更大。

该实验还得出了一个有些奇怪的结论，那就是大肠杆菌细胞内的 mRNA 拷贝数量和蛋白质拷贝数量不成正比。这个结论似乎违反了分子生物学的一项基本原则，但是来自新泽西医学院的桑杰·提亚吉（Sanjay Tyagi）博士认为这个结果也很好解释。在他看来，这是因为细菌 mRNA 寿命很短，通常只有几分钟，而蛋白质的寿命很长，通常可以维持几个小时不被分解。大肠杆菌每隔 30 分钟分裂一次，也就是说蛋白质的寿命大大超过了大肠杆菌的生命周期。这些蛋白质在细胞分裂时被随机地分给两个子细胞，于是细胞内的蛋白质很多都是来自母细胞，而不是来自自身的蛋白质工厂。

不管怎样，这个实验清楚地告诉我们，两个细胞即使基因完全一样，也会因为"随机性"而变得完全不同。一个人体内有成千上万个细胞，其结果更是千差万别了。

个性，完全可以是随机产生的。命运，完全可以掌握在自己手里。

# 16

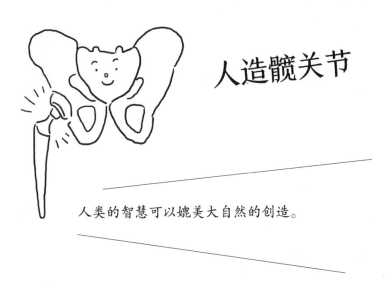

人造髋关节

人类的智慧可以媲美大自然的创造。

以前,一个人生病了首先想到的肯定是治,其次……没有其次了,因为人们一直有个理念,那就是大自然创造出来的东西是不能用人工方法替代的。

髋关节置换术(Hip Replacement)的出现改变了这种状况。

髋关节指的是骨盆和大腿骨之间的那个关节,是人体最吃重的关节。一旦关节之间的那层软骨被磨光了,关节头直接接触关节面,患者便会疼痛难忍,严重时根本无法走路,严重影响了患者的生活质量。

人类很早就搞清了关节的构造，但是要想置换一个全新的人造关节，尤其是髋关节这种吃重很大的关节，却不是一件容易的事情。从上世纪30年代开始就有人尝试替换髋关节，有人采用不锈钢，也有人采用更结实的钴金属，但结果都不理想。

1954年，英国召开了每年一度的整形外科大会，会上有人列举了髋关节整形手术遇到的困难。有个小个子中年人站起来说道："我看干脆别做了，从你们汇报的数据来看，现有的髋关节置换术完全失败了，还不如把病人的关节锯掉，把两头接起来让它们长死。这样虽然失去了活动能力，起码可以不疼了！"

此人名叫约翰·查恩雷（John Charnley），是英国的一名整形外科大夫。他本来不是搞这个的，有一次他的一个病人向他抱怨说，他在别处安装的人工髋关节一开始总是吱吱作响，弄得老婆总躲着他。几个星期后响声消失了，给他做手术的医生说，这是因为关节之间的摩擦减少了。

聪明的查恩雷却有不同的意见。他研究过一个刚刚截肢下来的膝关节，发现关节表面的摩擦系数是惊人的0.005，比冰刀和冰面的摩擦系数都要小。他认为起初的吱吱声正好说明人工关节为了不发生侧滑，必须紧贴在一起，后来声音消失则是由于关节松动造成的。这样的关节无法长久。要想得到耐磨的关节，必须设法找到一种摩擦系数小的人工材料。

查恩雷关起门来研究了七年，终于设计出一种全新的人工髋关节。他在三个方面改良了原来的设计。首先，他采用了一种新型材料——特氟龙，也就是不粘锅采用的表面涂料。其次，他改良了原来的固定方式。过去医生们都用螺丝钉来固定人工关节，查恩雷却改用丙烯酸骨水泥（Acrylic Cement）。这种类似水泥的物质把关节的受力均匀分配到了整个骨头中，使得关节固定的强度比螺丝钉方式增大了200倍。第三，他修改了人工髋关节的参数。以前的医生们都是按照人体本身的关节大小来设计人造关节，但查恩雷不信邪，他通过计算发现，新材料改变了关节的特性，必须减少关节的大小才能使它更加牢固。于是他把关节头和关节面的大小减少了大约1英寸，效果比原来的强了很多。

1961年，查恩雷把新的设计发表在著名的《柳叶刀》杂志上，开创了人工关节的新时代。

可是，几年之后出现了新情况。特氟龙摩擦系数倒是很小，但耐磨程度不够，几年后就要重新更换。另外特氟龙会使人体产生异体排斥，造成关节肿大。查恩雷意识到问题的严重性，他停止了手术，整天把自己关在实验室里，试图找出新的替代材料。

一天，他的助手跑来说，有个推销员向他推销一种织布机上用的新耐磨材料，叫"高分子量聚乙烯"（HMWPE）。这种新材料是德国一家公司刚开发出来的，还没有上市。查恩雷用指甲在HMWPE上划了一道，便把助手打发走了。可这个名叫哈里·克拉文（Harry Craven）的年轻人没有放弃，自己偷偷地进行了试验，发现HMWPE确实比特氟龙好很多，便再次跑到查恩雷的办公室，要求老板再试一次。这一次查恩雷相信了助手的话，在仪器上不间断地试验了三个星期，结果HMWPE的磨损程度只相当于特氟龙的一天。

耐磨性有了，那异体排斥的特性怎么样呢？查恩雷决定用自己的身体做实验。他把一小片HMWPE植入一条胳膊里，另一条胳膊里放入特氟龙。几个月后植入特氟龙的地方明显肿了起来，而HMWPE一点没变。

有了实验结果的支持，查恩雷又开始做手术了。在这之后的三年时间里他一共做了 500 例髋关节置换手术，然后跟踪观察了几年，发现有 92.7% 的病人可以说是完全成功的，这才于 1972 年又发表了一篇新的论文，汇报了这种新材料的好处。

至此，关于髋关节置换术的故事可以告一段落了。目前，起码在西方国家里，髋关节置换术已经是常规手术了，仅在美国每年就有 30 万人接受手术，创造了 20 亿美元的市场价值。更重要的是，这项手术提高了无数人的生活质量，在这个人口日益老龄化的今天，这项手术的价值尤其重要。

这一切都源自 50 年前的那个小个子外科医生聪明的大脑。查恩雷证明了人类的智慧可以媲美大自然的创造。

# 17

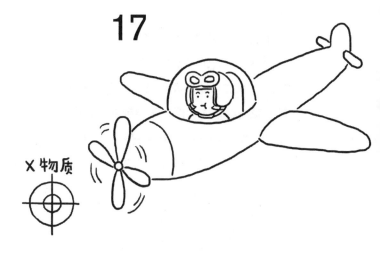

# 谁发现了可的松？

> 他猜测黄疸病人胆汁里可能含有某种神秘的 X 物质，这种物质很像某种荷尔蒙。

如今稍有医学常识的人都知道，风湿性关节炎是一种自身免疫病，病人的免疫系统错把自己的关节组织当成了敌人，并实施攻击，结果造成了关节发炎，红肿僵硬，严重的病人根本无法行走，失去活动能力，非常痛苦。

可在上世纪初，人们还认为风湿性关节炎是某种细菌感染造成的。幸亏当时抗生素还没有被发现，否则医生们肯定会给每个关节炎病人打一针青霉素。

1928年，美国明尼苏达大学马约医学院的药剂系主任菲利普·亨奇（Philip Hench）接待了一位奇怪的病人，这位65岁的病人其实是该医院的医生，他告诉亨奇一件奇怪的事情：自从他得了黄疸病，他的风湿性关节炎症状就消失了。四个星期之后，他的黄疸病治好了，但是他的关节炎直到七个月后才再次复发。

亨奇虽然觉得这件事有点蹊跷，但他相信自己的同行，因为医生对自己病症的描述肯定比普通病人可靠。从此他就留了个心眼，开始密切关注黄疸病和关节炎之间的关系。很快他就又发现了几例类似的病人，同时他还观察到一个更离奇的现象：一旦患有关节炎的妇女怀了孕，她的症状便会立刻减轻不少。

种种迹象表明，对于这些病人来说，治好关节炎的不大可能是抗感染药物，而是某种与内分泌有关的物质，亨奇把它叫作"X物质"。他猜测黄疸病人的胆汁里可能含有这种神秘的X物质，而这种X物质很像是某种荷尔蒙，会随着怀孕而升高。他的这个想法违反了当时医学界的共识，没人相信他，他只好一个人默默地踏上了寻找X物质的征程，一走就是二十年。

亨奇想不出别的好办法，只好给关节炎病人服用各种可能含有X物质的东西，包括胆汁、胆汁结晶盐和肝脏提取物，他甚至把黄疸病人的血直接输给关节炎患者，但一直没有任何效果。

巧的是，亨奇有个同事当时正在研究荷尔蒙。此人名叫爱德华·肯德尔（Edward Kendall），是个化学家，曾经第一个提纯了甲状腺素。认识亨奇的时候他正在研究肾上腺，并提纯了四种肾上腺分泌的物质，分别取名叫化合物 A、B、E 和 F。他建议亨奇试试这几种化合物，可惜当时的提纯工艺很差，很难得到足够的化合物进行临床试验。

此时"二战"爆发，美军得到消息说，德国空军正在阿根廷大量采购牛肾上腺，准备给他们的飞行员注射，以提高他们对缺氧的耐受性。据说被注射了肾上腺素的飞行员能够把飞机开到 13000 米的高空而不会因缺氧而窒息。于是，美军立刻拨了大笔款项，开始研究怎样大规模提纯肾上腺素。这项实验进行了很长时间，直到 1948 年默克制药公司的科学家才攻克了难关，得到了几克化合物 E，并辗转送到了亨奇的手里。

1948 年 7 月 26 日，亨奇把 100 毫克化合物 E 注射进一个患了严重风湿性关节炎的女病人体内，两天之后病人的症状有了明显的好转，她居然能够自己行走了，而以前她只能坐轮椅。后来有人指出，亨奇违反常规，用了超大剂量的化合物 E，否则的话疗效不可能如此显著。

亨奇把该病人治疗前后的样子拍成电影，第二年在一个科学会议上播放，放完后全体观众起立鼓掌，大家被这一发现惊呆了。这是人类第一次用一种内源性的化学物质治好了一种不治之症，这预示着现代医学不但可以利用外来的杀菌剂（抗生素）治病，还可以想办法动员人体自身的抗病能力。

这个化合物 E 后来被命名为可的松。亨奇和肯德尔因为发现可的松的疗效而于 1950 年获得了诺贝尔生理学或医学奖，创下了诺贝尔奖颁发速度的最快纪录。

不过，亨奇并没有因此而兴高采烈，他十分清楚可的松只能减缓关节炎的症状，并不能彻底治好它。病人一旦停药症状就又回来了。不但如此，可的松还有很强的副作用，往往得不偿失。结果，还没等可的松被大规模用于临床，就被停止使用了。

亨奇花费了二十年心血，得到的只是一个无法入药的荷尔蒙吗？绝对不是。后来进行的一系列临床试验表明，可的松对药物过敏、慢性哮喘、系统性红斑狼疮、结节性多动脉炎和虹膜炎等疾病有显著的疗效。对这些疾病的治疗并不需要大剂量的可的松，而只需要局部涂抹，或者短时间用药就可以起作用，因此大大降低了可的松的副作用。

如今，可的松及其衍生物被叫作"激素"，在医疗领域得到了非常广泛的应用。那些因此而获得好处的人都要感谢亨奇，当初正是由于他不迷信教条，相信事实，并坚持了二十年，才为人类带来了一种神奇的"万能药"。

# 18

# 眼睛是大脑的窗口

视神经盘直通大脑内部，
可以看作是大脑神经细胞的延伸。

人类对算命的需求实在是太强烈了，人身上凡是有点变化但又无关痛痒的地方，比如指纹、掌纹、血型、面相、骨相……甚至脑门上的头发有几个旋儿，都被开发成了算命工具。

其中最高科技的一种算命方法要算是看虹膜。人的虹膜就是眼球正中心那一圈有颜色的部分，不但颜色有所不同，上面的图案更是千变万化，简直太适合算命了。当人类发明出了放大镜，尤其是照相机后，虹膜算命术也就宣告诞生了。算命专家们绘出了一张标准图，把虹膜分成了很多区域，分别代表人体的各种组织和器官。算命师先用显微成像术为你照一张虹膜照片，再和标准图做对比，就能滔滔不绝地说出你身上哪个部位出了问题。

那么,事实是怎样的呢?科学告诉我们,虹膜只是一种带有色素的维管组织,其中包括结缔组织、神经组织和毛细血管。虹膜中含有的色素是用来遮光的,让光线只能从中间的瞳孔穿过,进入眼球,照到眼球后方的视网膜上。瞳孔的大小则是依靠分布在虹膜周围的括约肌来调节。至于说虹膜上的花纹,那是完全随机的,不可能与人体器官有任何联系。事实上,科学家曾经对几名虹膜算命大师做过双盲试验,结果发现他们不但算不准,就连算出来的结果也存在着很大的差别。

但是,俗话说得好,眼睛是灵魂的窗口。眼睛虽然不能用来算命,但却可以用来偷窥大脑的秘密。大脑是由无数神经细胞组成的,但神经细胞很难直接被看到,医生们只能用各种间接的办法检查神经细胞的健康状况,比如核磁共振成像(MRI)。不过,MRI太过昂贵,病人必须一动不动地在机器里躺很长时间,做一次很麻烦,而且精度也不够高。

眼睛是大脑的窗口

有没有办法直接看到神经细胞呢？有。众所周知，视网膜上就布满了视神经细胞。既然外面发出的光线能照到视网膜上，就一定能被反射出来，让科学家看到视网膜，以及视神经细胞的样子。其实大家肯定都见过视网膜，照相时常见的所谓"红眼"，就是因为人在暗处时瞳孔张开，而闪光灯的速度太快，瞳孔来不及闭合，光线从张开的瞳孔照进去，又被眼球基底的视网膜反射出来。眼球基底布满了血管和色素，所以看上去是红颜色的。

如果照相机的精度足够大，就能看到眼球基底上有一个圆形的区域，叫作视神经盘（Optic Nerve Disc，OND）。光信号被视网膜转换成神经脉冲后，必须经由视神经送入大脑。视神经就是在视神经盘这里汇集成一束，然后进入大脑的。换句话说，视神经盘直通大脑内部，可以看作是大脑神经细胞的延伸。

眼科医生们当然不会用普通照相机做研究，他们使用两种更精密的仪器来观察眼球内部的情况，分别叫作海德堡视网膜断层扫描仪（HRT）和激光偏振仪（GDx）。以前这两种仪器只是被用来诊断青光眼等眼科疾病，但在2006年，新西兰的一位眼科医生海伦·丹内施－梅耶（Helen Danesh-Meyer）首次运用这两种仪器观察了视神经盘的形状，并以此来推断病人整个脑神经系统的健康状况。她招募了40名患有阿尔茨海默病的病人，并和50个健康人做了对比，结果发现前者的视神经盘的形状发生了显著的变化，视神经纤维明显比健康人要细。

这是怎么回事呢？原来，很多神经系统的疾病，包括多发性硬化症、阿尔茨海默病和帕金森病等，都是由于脑神经的退行性病变造成的。视神经也是脑神经的一部分，自然也会受到影响。事实上，大部分神经系统退行性疾病的先兆之一就是视力的退化。

由此可见，眼睛确实是大脑的窗口。丹内施-梅耶医生的实验证明，只要仪器足够精密，科学家们就能够通过这个窗口窥见大脑的秘密。

丹内施-梅耶医生使用的仪器还不够精密，很快又有一种新的仪器被发明了出来，这就是光学相干断层扫描仪（Optical Coherence Tomography，OCT）。这种仪器能够把一束可见光打到眼球内部的视网膜上，并反射出来。利用光线干涉的原理，就能测量出不同反射平面的厚度。因为视网膜是半透明的组织，因此这种方法可以穿透几厘米的厚度，为科学家画出一幅精密的视网膜三维图像。

这个方法首先被运用到了多发性硬化症的治疗监测上。这种病的治疗方法多半都有严重的副作用，医生们都希望能够密切监测药物的疗效，一旦发现效果不好，就可以立即停药，让病人免受不必要的痛苦。临床试验发现，OCT可以很精确地测出视神经纤维的厚度变化，并以此准确地推测出药物的疗效。

那么，科学家们能否运用这一技术，对神经退行性疾病做出准确的预判呢？丹内施-梅耶医生认为现在还做不到，原因在于，每个人视神经的初始状态都不一样，无法横向对比。要想用这种方法来为病人"算命"，就必须知道每个人的初始状态。不过，丹内施-梅耶医生对这个方法的前途十分看好，她认为OCT使用方便，费用低廉，健康人可以考虑每年做一次OCT体检，建立一套档案。只要有了历史数据，就能很容易地推断出每个人的神经系统的健康情况，及时发现神经退行性病变的前兆，达到"算命"的目的。

# 19

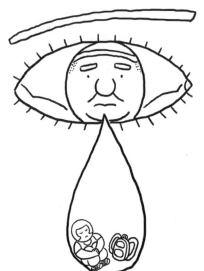

## 眼泪有什么用？

人在悲伤时流出的眼泪很可能具有某种生理作用。

人是最擅长表达感情的哺乳动物。喜悦、兴奋、激动、悲伤和愤怒等错综复杂的感情都有一套固定的表达程式，任何一个正常人都能一眼识别出来。问题在于，这些程式都是怎么进化出来的呢？

达尔文最先提出了他的见解。他在1872年出版的那本《人和动物的感情表达》一书中提出了这样一个假说，认为所有这些感情表达程式最早都是有某种实际功能的，只是后来因为联络感情的需要，逐渐和实际功能脱节，进化成独立的感情信号。比如人在愤怒的时候会攥紧拳头，脸部肌肉也会因为紧张而变形，这一系列变化原本都是为了让自己做好搏斗的准备，后来才逐渐演化成表达愤怒的固定程式，起到了传递感情信号的作用。

如果顺着这个思路想下去，你会发现眼泪是一个难点。人在悲伤的时候为什么会流眼泪呢？眼泪除了传递悲伤的感情信号之外，还有什么别的生理功能吗？

在回答这个问题之前，必须首先证明不同情况下流出来的眼泪是不同的。众所周知，眼泪有清洁的作用。人在眼睛里进了沙子，或者切洋葱的时候都会流眼泪，美国明尼苏达大学神经学系教授威廉·弗雷（William Frey）首先证明，人在这两种情况下流出来的眼泪和悲伤时流出的眼泪是不同的，两者的化学成分存在明显的差异。但他没能进一步搞清究竟是哪种化学成分出现了差异，以及这种差异在生理上到底有何作用。

以色列著名的魏茨曼科学研究所（Weizmann Institute）的心理学家诺姆·索贝尔（Noam Sobel）博士决定研究一下这个问题。首先他需要大量眼泪，于是他在以色列报纸上打了份广告，诚征各类"爱哭人士"，结果招来了70名应征者，但其中只有6人满足实验要求，即随时都能哭出来。

"这6人都是女士，所以我只能首先研究女人的眼泪了。"索贝尔说，"这不等于男人的眼泪就没有研究价值。"

之所以必须找到爱哭人士，是因为索贝尔相信眼泪中的化学信号物质很可能寿命很短，没办法保存，所以他希望所有拿来做实验的眼泪都是新鲜的，最多不超过两小时。

好了，现在实验开始。首先，研究人员让这6位女士观看好莱坞出品的"催泪弹"电影，同时收集她们的眼泪。其次，这事必须有对照，所以研究人员将生理盐水滴在她们的脸颊上，任其自然滑下，然后收集起来，这么做是为了防止妇女脸颊上有某种化学物质溶在了眼泪里。

接下来，研究人员测试了眼泪是否有味道，结果是没有。这个实验说明，如果眼泪确实有某种生理效果，那一定是某种无臭无味的外激素类化学物质造成的，而不是源于某种心理暗示。

好了，万事俱备只欠东风，这东风就是一群20多岁的年轻男性。研究人员让他们分别闻一闻眼泪，然后让他们给女明星图片打分，或者自我描述自己的性兴奋程度。之后再用仪器测量他们唾液中含有的雄性荷尔蒙的浓度，甚至用功能性磁共振成像技术（fMRI）测量他们的脑部活动。得到的数据和生理盐水做对比。

当然，这个实验是双盲的，无论是研究人员还是受试者都不知道他们闻的到底是眼泪还是生理盐水。

实验结果令人震惊！女人在悲伤时流下的眼泪能减少男性荷尔蒙浓度，降低男性的性兴奋程度，同时抑制男人大脑中负责性欲的那部分脑组织的活性。换句话说，这个实验证明女人眼泪里含有某种外激素，能够以某种未知的方式影响男人的行为。

"我猜，眼泪最主要的作用在于降低男人的暴力倾向，降低性欲只是次要作用。"索贝尔评价说，"很显然，对于女人来说这是一种很有效的防身利器。"

这篇文章发表在 2011 年 1 月 6 日出版的《科学》杂志网络版上,一经发表立刻引起了公众的广泛兴趣。如果属实,这将为科学家研究人类外激素提供新的证据。

不过,有人指出,现在下结论还为时过早。首先,这个实验必须能够被其他实验室重复出来。其次,必须弄清到底是眼泪中的哪种化学物质起了作用。在这两个问题没有答案之前,任何结论都是不可靠的。

"我打算立即开始研究男人和孩子的眼泪。"索贝尔说,"我幸运地找到了一个爱哭的男性志愿者,这项实验马上就可以开始了。"

让我们拭目以待吧。

# 20

# 人为什么会怕生?

用进化论来解释人类行为,
虽然听起来有些玄,
但却也没有更好的办法。

科学家就是那种凡事都要问个为什么的人。正是因为科学家们的努力,人类已经从原子水平上解释了打雷下雨着火结冰等很多自然现象的发生原因。

科学研究的主要手段就是做实验，具体来说，就是通过有目的地改变某个参数，然后对这种改变造成的后果进行定量研究，从而发现其背后的规律。但是，很多事情是没法做实验的。比如，有谁见过天文学家试着改变星球的速度或者质量吗？这显然是不可能的，但却并不妨碍天文学成为最有公信力的学科。没人会对天文学家所做的日食预报产生任何怀疑，因为他们几乎从来没有出过错。这是为什么呢？原因很简单：天体的运动只需要遵从少数几条物理定律就可以了，天文学家完全可以通过观测加推理，把这些规律找出来。

但在生物学领域，尤其是动物行为方面，这个做法就行不通了。

动物行为学家最喜欢研究的动物是秀丽隐杆线虫（Caenorhabditis elegans），这种线虫生活在土壤中，长约1毫米，通体透明，每个细胞都能在显微镜下看得清清楚楚。自从1963年南非科学家西德尼·布雷纳（Sydney Brenner）开始把它作为模型生物加以研究以来，科学家们已经搞清了它体内所有1000多个细胞的来龙去脉。这其中有302个是神经细胞，科学家不但知道每一个神经细胞的位置，甚至连它们之间所有的链接方式都知道得一清二楚。事实上，线虫的神经系统几乎是世上已知的最简单的神经系统，非常适合用来研究神经系统和动物行为之间的关系。

线虫有两种觅食方式：扎堆和单挑。科学家们研究了很多年，不但搞清了促成这两种方式的原因，而且找出了参与整个过程的大部分有机分子。原来，线虫吃的是土壤里的细菌，细菌需要消耗氧气才能存活，因此有大量细菌的地方氧气含量肯定较低。但是线虫本身也需要氧气，所以它们也不喜欢在氧气浓度太低的地方活动。扎堆和单挑正是线虫应对不同环境的最佳方法。

瑞典古腾堡大学的科学家马里奥·迪波诺（Mario de Bono）及其同事在2009年3月4日出版的《自然》杂志网络版上发表了一篇论文，指出线虫体内一种名为GLB-5的六角形球蛋白在决定线虫觅食行为方面起着重要的作用。这种球蛋白可以和氧气分子结合，从而改变神经细胞的兴奋程度，进而决定了线虫究竟采取怎样的行为模式。

当然了，上面这段解释只是一个过于简化的版本，要想真正把决定线虫觅食行为的分子基础解释清楚，恐怕需要写一本书才行。但这个领域的研究更多的是出于穷追事理的需要，因为线虫研究者们早就搞清了不同行为背后的目的和规律，或者说，线虫的所有行为都可以用进化论圆满地加以解释。

线虫非常简单，其觅食行为也只有两种模式，使得科学家们有可能从分子水平上解释清楚。与之相比，人类行为的复杂性要比线虫高太多了，起码在可预见的未来，科学家们不可能像研究线虫那样，把决定人类行为的所有分子基础都研究得清清楚楚。最起码，出于道德的考虑，科学家们不可能对人的大脑进行像线虫那样的科学实验，因此人类行为领域的研究只能另辟蹊径，从进化论入手，依靠逻辑思维，找出其内在规律。

举例来说，世界各地的人们似乎天生都不喜欢长相奇特的人，也不喜欢和陌生人打交道，这是为什么呢？加拿大英属哥伦比亚大学的动物行为学家马克·夏勒（Mark Schaller）博士想出了一个新理论。在他看来，人类的很多行为都是为了避免得传染病。脸上有瘢痕或者皮肤颜色不正常的人往往都是传染病造成的，避免和这些人接触显然在进化上是有利的。同样，陌生人也很可能从别的部落带来某种致命的传染病，因此大部分人似乎天生都带有某种"怕生"基因。

那么，当我们看到一个脸上有块黑疤的人之后，我们的脑子里究竟发生了怎样的化学变化？当我们看到一个陌生的面孔时，体内到底哪个基因被激活了？科学家们不可能回答出这些问题，因为他们没办法对人脑进行像线虫那样的生化实验。他们只能旁敲侧击，通过一些间接的办法验证夏勒理论的正确性。

比如，假如这个理论是正确的，那么最容易受到感染的人群应该对陌生人最敏感才对。众所周知，为了不对胚胎发动错误的攻击，怀孕头三个月的孕妇体内的免疫系统会处于暂时的休眠状态。来自美国密歇根州立大学的心理学家卡洛斯·纳瓦雷特（Carlos Navarrete）对比了处于这一时期的孕妇和怀孕后六个月的孕妇对待外国人的态度，发现前者往往会更"爱国"，更不能忍受外国人对美国的批评。纳瓦雷特认为这说明处于危险期的妇女对外来物种的潜在风险更加敏感，这一点正好是夏勒博士的理论所预期的。

夏勒博士本人曾经对世界上71个国家和地区的国民性格做了对比分析，结果发现，凡是那些历史上遭受过严重的传染病流行的国家（比如尼日利亚和巴西），其国民性往往比那些相对安全的国家（比如瑞典和加拿大）更加保守，更加排外。

这个说法听起来有些玄，但是目前只能做到这样了。人类行为的内在机理没法直接研究，科学家们只能以进化论为指导，运用逻辑推理的办法，试图找出复杂行为的内在动机。

# 第 2 部分
# 神奇的动植物

# 21

## 懂数学的蝉

美国有一种蝉,
每隔 17 年才叫一次,
像钟表一样准确。

世界上有 3000 多种蝉,绝大多数都是一年生的,每年繁殖一次,也有不少蝉以 2—4 年为一个周期。1633 年,有人描述过一种产自北美的蝉,周期极长。但直到 18 世纪初期,美国的昆虫学家才最终确定了这种蝉的周期——17 年。一百多年后,又有一种周期为 13 年的蝉被发现。科学家把这两种奇怪的蝉统称为"周期蝉"(Periodical Cicadas)。

这种蝉总是在5月下旬开始破土而出，沿着树干爬到高处，发出疯狂的求偶叫声。它们必须抓紧时间找到伴侣，因为大自然留给它们的交配时间只有一个星期。之后，雌蝉把卵产在树干内便死掉了。经过2—8周的孵化，幼虫破壳而出，掉到地上，钻进土壤，依附在大树的根部，一边吸食植物汁液，一边等待时机再次破土而出。

这一等就是16年（或者12年）。

其实，17年蝉早在第8年的时候就已经完全成熟了，但它们体内似乎有个钟表，不断提醒它们要耐心等待。直到第17年的那个夏天，蝉们好像约好了似的，一起冲出地面，完成新的一轮生命周期。

一般情况下，一个地区只生活着一种周期蝉，科学家按照它们的出土日期和分布范围，把北美的周期蝉分成了大约15个按照罗马字母命名的"窝"（Brood）。比如，2004年出现在美国东部大部分地区的周期蝉是第10号窝，这一窝蝉数量最多，分布最广，是研究得最透彻的窝之一。

科学家首先想弄明白的问题是：这种蝉为什么选择在地下生活那么多年？这样做肯定会减少繁殖的效率。这个问题现在基本上有了定论。原来，周期蝉最早出现在大约180万年前，那时北美正处于冰河期，气候极不稳定，经常会遇到冷夏。成年蝉需要很高的气温，假如它们出土后正好遇到低温，就死定了。科学家经计算发现，假如在1500年的时间里每50年出现一次冷夏，那么7年蝉的成活率是7%，11年蝉的成活率是51%，17年蝉则是96%。显然，周期越长，成活率就越高。

下一个，也是最有趣的问题是：周期蝉的周期为什么总是质数？

众所周知，质数是除了它自己和1以外无法被任何整数整除的数。有一种理论认为，周期蝉为了避免相互争夺粮食，便进化出质数周期，减少了相遇的次数。比如13年蝉和17年蝉每221年（13×17）才会同时出现一次。可是，这个理论禁不起推敲。事实上，13年蝉和17年蝉各自有自己的活动区域，两者很少重叠。1998年在密苏里地区出现过一次第10号窝和另外两窝13年蝉同时出现的奇景，但是这种情况很少发生。另外，蝉的大部分时间都生活在地下，相互争夺最厉害的食物应该是植物的根，这和它们的生命周期就没什么关系了。

1977年，著名的美国古生物学家史蒂芬·杰·古尔德（Stephen Jay Gould）提出了一个新假说，认为周期蝉这样做是为了避开自己的天敌。他指出，很多蝉的天敌也有自己的生命周期，假如周期蝉的生命周期不是质数，那么就会有很多机会和天敌的周期重叠。比如12年蝉就会和周期为2、3、4、6年的天敌重叠，被吃的可能性就要大很多。

2001年，德国科学家马里奥·马科斯（Mario Markus）设计了一个数学模型，间接验证了这一假说。在这个计算机模型里，蝉和天敌们的生活周期一开始都不固定，但是两者都会随机地发生变异。如果周期重叠，蝉就被吃掉。经过多年的演化后，蝉的周期无一例外地会停留在一个质数上。

达尔文的支持者肯定喜欢这个理论，因为它把周期蝉的这个"神来之笔"变成了一个进化论框架下的数学模型。另外，这个理论还产生了一个副产品，那就是"质数生成器"。原来，质数是没有规律可言的，大质数很难找到，需要用计算机一个一个算。现在好了，只要把前提条件变化一下，输入这个"质数生成器"，就能自动得出一个质数来。

这个故事讲到这里似乎很完美了，其实不然，很多昆虫学家仍然有疑问。比如，为什么目前发现的周期只有13和17这两种？为什么大多数蝉的周期并不是这样的？这些疑问都很有道理，但研究起来十分困难。美国康涅狄格大学的生物学家克里斯·西蒙（Chris Simon）认为，马科斯提出的数学模型之所以还没有被证伪，是因为这个理论直到现在还没有办法被验证。比如，科学家一直没有找到周期蝉的天敌，能够符合这个理论的前提条件。所以，只有先搞清周期蝉控制时间的原理，以及它们的遗传方式，才有可能从根本上揭开周期蝉的秘密。已经有科学家利用1998年在密苏里出现的那次罕见的重叠，让13年蝉和17年蝉交配，看看它们后代的周期会变成怎样。

但是，很显然，这项研究需要很长的时间，必须有足够耐心才行。

说起来，周期蝉不能算是害虫，研究它的周期对人类一点实际价值也没有。不过，人类的好奇心是无穷的，科学的发展就是这样，一开始也许只是出于好奇，但没准儿就能找到一个突破性的大发现，就像那个"质数生成器"那样。

# 22

# 动物的心思你别瞎猜

动物的很多行为跟人类很像,
但却不能轻易地用人类的逻辑来解释。

　　互联网上曾经流传过一张照片,拍的是一群帝企鹅趴在雪地上。照片的文字说明是这样写的:"这是一位摄影家在南极拍到的画面,企鹅们正在哀悼刚刚死去的幼崽。"事实上,这个解释只是这位摄影家的想象,我们并不知道企鹅们为什么趴在雪地上。

动物的很多行为跟人类很像，但却不能轻易地用人类的逻辑来解释。这方面最有名的案例大概要算是鳄鱼的眼泪，传说鳄鱼在吃人时会流眼泪，这个行为被人类解释成"假慈悲"，于是这个词组后来演变成了"假惺惺"的同义词。

曾经有位科学家研究过这件事，他把鳄鱼抓到岸上，用洋葱和盐擦鳄鱼的眼睛，等了半天没看到眼泪流出，于是他得出结论说鳄鱼根本不会流眼泪。但这个结论存在很多疑问，因为解剖学已经证明鳄鱼确实有泪腺，而且也确实有人看到过鳄鱼流泪，这到底是怎么回事呢？

美国佛罗里达大学的动物学家肯特·弗林特（Kent Vliet）决定认真研究一下这个问题。他找到一家陆上鳄鱼饲养场，用摄像机拍摄了4头凯门鳄和3头短吻鳄在进食时的表情，发现其中5头在吃饭时确实会流泪，甚至眼睛里还会冒出泡沫。弗林特将这篇论文发表在2007年出版的《生物科学》杂志上，但他在文章中并没有给出鳄鱼流眼泪的确切原因，只是猜测说这也许是因为鳄鱼在咀嚼食物时会习惯性地喷气，此时鼻窦会打开，眼泪和空气便随之而出了。

不管真正的原因是什么，这些鳄鱼吃的都是人工食品，不存在什么感情问题，所以说"鳄鱼的眼泪"是一种正常的生理现象，不能按照人类的思维方式解读。

这篇论文很能代表动物行为学研究领域的现状，那就是"观察为主，结论为辅"。动物不会说话，要想判断动物们到底在想什么，非得有确凿的证据不可。比如，2011年1月21日出版的《美国灵长类动物学》杂志刊登了马克斯·普朗克心理语言学研究所的凯瑟琳·克洛宁（Katherine Cronin）博士及其同事撰写的一篇论文，有史以来第一次详细记录了野生黑猩猩面对死婴时的反应。研究人员在赞比亚的一家野生动物园里拍到了一头母猩猩，她的一只16个月大的幼崽刚刚死去。母猩猩把幼崽的尸体背了一整天，其间不断地把它放在地上，并用手指抚摸幼崽的脸颊和脖子。她还把幼崽的尸体带到部落里，让其他黑猩猩仔细检查。一天后，这头母猩猩就把幼崽尸体丢弃了。

这篇论文只是详细记录了母猩猩对待幼崽的所有动作和表情，至于说这头母猩猩是否在哀悼，作者没有给出肯定的答案，也不可能给出肯定的答案。"其实这个问题的答案并不那么重要。"克洛宁说，"不管这头母猩猩是在哀悼还是只是感到好奇，都不重要，重要的是我们人类对这个场景的反应。如果人类能花点时间想想这件事背后的意义，就足够了。"

克洛宁大概是希望人类能借此机会思考一下我们和动物之间的关系，并因此而善待野生动物，珍惜它们的存在。但人类接触最多的并不是野生动物，而是猫狗这类宠物。宠物的主人们都很喜欢用人类的思维来解释动物的行为，这给他们带来了很多乐趣。可惜的是，科学告诉我们，有时这种直觉并不可靠。

比如，绝大部分猫主人一旦发现自己的爱猫食欲不振，或者将大小便拉在沙盆外面，甚至把猫毛呕吐出来，就会认为猫一定是得了什么病，必须赶紧去看兽医。可是，美国俄亥俄州立大学兽医系教授托尼·巴芬顿（Tony Buffington）通过研究后发现，有些猫之所以表现出上述那些"生病行为"（Sickness Behaviors），并不是因为它们真的病了，而是因为它们无法适应环境的突然变化。研究人员对比了 12 只健康的猫和 20 只患有间质性膀胱炎（Interstitial Cystitis）的病猫，发现当饲养条件发生变化，比如没有按时喂食，食物品种改变，或者换了饲养员等等，都会让两者表现出"生病行为"，发生概率没有任何区别。

换句话说，身体健康的猫也会"装病"。

"猫对环境非常敏感，稍有不适就会很紧张，导致出现'生病行为'。养猫人一定要知道猫究竟需要什么样的生活环境，这对猫来说是至关重要的。"巴芬顿说，"野生的猫遇到危险时喜欢爬树躲避，相互间的交流主要依靠嗅觉，因此最好给家猫准备一个位于高处的躲避场所，以及一个能看到外面世界的窗户。同时要给猫留下足够的玩具，让它们学会在玩具（而不是沙发）上留下自己的味道，标记自己的领地。另外，野生的猫从来不会在同一个地方大小便，因此沙盆一定要每天清理。"

巴芬顿教授将自己的研究结果写成论文，发表在 2011 年 1 月 1 日出版的《美国兽医学会杂志》上。文章建议兽医在遇到具有"生病行为"的家猫时，不要光顾着寻找生理性疾病，还要考虑不良环境对家猫心理健康的影响。

# 23

# 聪明的植物

植物其实是很聪明的,
素食主义者必须想个别的办法宣传自己的理念。

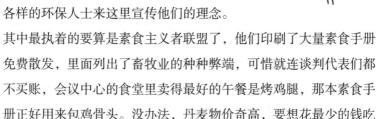

哥本哈根气候谈判大会的入口处有片10米见方的空地,每天都吸引了各种各样的环保人士来这里宣传他们的理念。其中最执着的要算是素食主义者联盟了,他们印刷了大量素食手册免费散发,里面列出了畜牧业的种种弊端,可惜就连谈判代表们都不买账,会议中心的食堂里卖得最好的午餐是烤鸡腿,那本素食手册正好用来包鸡骨头。没办法,丹麦物价奇高,要想花最少的钱吃到最多的热量和蛋白质，同时还要美味可口，烤鸡腿是最佳选择。

看来，要想让大家吃素，还得想点别的理由才行。

素食主义者最擅长的宣传武器是"同情心"，他们会告诉你，动物是有灵性的，人怎么忍心去吃它们呢？不过，这话如果传到植物学家的耳朵里，一定会招来反驳。植物因为不需要移动，所以没有进化出复杂的神经系统，但这并不等于说植物就是一群没有思想的傻瓜。植物耍起小聪明来，动物还真不是对手。

比如，无花果就是一种非常聪明的植物。这种植物大约在1万年前就被人类栽培成功，是最早被驯化的水果。无花果当然不是真的不开花，它有花，但都很小，所以必须被保护起来。无花果的果实其实只是"假果"，无数细小的雌花就开在"假果"里，免遭风雨侵袭。"假果"

上开一小孔，一种身材瘦小的胡蜂可以从小孔进入"假果"，为雌花授粉。当然胡蜂也不是活雷锋，它在为无花果授粉的同时会把卵产在雌花里。于是，胡蜂的幼虫就在无花果的"假果"中长大，不但有了房子，还有吃有喝，好不惬意！

无花果和胡蜂之间的关系就是典型的共生关系，这种关系大约在8000万年前就形成了，每一种无花果都有专门的一类胡蜂负责授粉，两者之间相依为命，同生共死，堪比人世间最伟大的爱情。不过，当科学家仔细研究了两者之间的关系后，却发现真相并不似传说中的那么"美好"。

世界上有两种胡蜂，一种是"被动授粉者"，它们的腿上沾满各种花粉,碰上谁就是谁。于是,依靠这种胡蜂授粉的无花果必须生产出大量花粉才能增加成功率,这类无花果的雌蕊和雄蕊的数量相差不多,比率大致在4∶1到1∶1之间。另一种胡蜂是"主动授粉者",

它们专门采集无花果的花粉,并放置在胸前的一个小袋子里,然后飞进"假果",专门花时间把花粉送到雌蕊的柱头上。不用说,享受这等优质服务的无花果也会拿出最好的礼物送给胡蜂,因为这样一来无花果就不用浪费花粉了。这类无花果的雌蕊和雄蕊数量之比大约在7∶1到100∶1之间,雌蕊的相对数量明显增多。

但是,和人类社会一样,一件事如果听上去太过完美,肯定是不真实的。美国康奈尔大学动物行为学系的研究生夏洛特·简德尔(Charlotte Jandér)想弄明白一件事:如果一只"主动授粉者"胡蜂想偷懒,不去花时间采集花粉怎么办?无花果有办法对付这种偷懒者吗?

简德尔设计了一个精巧的实验,测量了不同情况下胡蜂后代的成活率,发现那些偷懒的胡蜂果真没有好下场。无花果会选择性地丢掉没有授粉的"假果",于是偷懒胡蜂产在假果里的卵就都死啦。按照人类的说法,无花果就好比是个严厉的监工,对偷懒者处以极刑,毫不手软。

有趣的是,简德尔又研究了那些"被动授粉者",却没有发现这一现象。也就是说,无花果还是一个通情达理的法官,如果犯错的胡蜂只是过失杀人,就会免于处罚。

怎么样？你想不想让无花果来当人类的大法官？其实呢，无花果这么做的目的很简单，就是尽可能多地繁衍自己的后代，此外别无他求。

简德尔的这篇论文发表在 2009 年 12 月底出版的《皇家科学院院报》（*Proceedings of the Royal Society*）上。这篇论文所用的研究方法只是简单观测和统计，并没有从分子水平搞清无花果"执法过程"的具体细节。2007 年底出版的《美国国家科学院院报》（*PNAS*）上发表了荷兰瓦格宁根大学昆虫系教授莫妮卡·希尔克（Monika Hilker）撰写的一篇研究报告，为我们讲述了发生在小甘蓝（Brussels Sprout）身上的一个惊心动魄的故事。小甘蓝是一种欧洲人很喜欢吃的蔬菜，有一种蝴蝶喜欢在小甘蓝的叶子上产卵，孵出的幼虫以叶片为食。小甘蓝当然不愿意被吃掉，便想出一条计策。小甘蓝发现，凡是交配过的雌蝴蝶体内都有一种名叫苯甲酰氰（Benzoyl Cyanide）的化学物质，未交配过的则没有。于是每当小甘蓝闻到苯甲酰氰，便立即释放化学信号，把黄蜂吸引了过来。这是一种寄生蜂，雌蜂把卵产在蝴蝶卵中，孵出的幼虫以蝴蝶卵为食，小甘蓝得救啦！

交配过的雌蝴蝶体内为什么会有苯甲酰氰呢？原来这是一种"反性激素"，雌蝴蝶身上一旦有了这股味道，别的雄蝴蝶就不会再来和她交配了。最先想出这条毒计的雄蝴蝶一定很得意，没想到却被小甘蓝将计就计，赔了夫人又折兵。

# 24

# 动物们也胖了

研究表明,不仅人类越来越胖,就连很多哺乳动物都没能幸免。

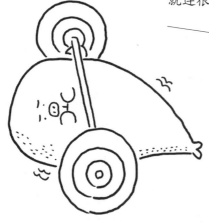

有个流传很广的笑话是这么说的:科学家对着跳蚤喊道:跳!跳蚤跳起来了。然后科学家把跳蚤的腿都截掉,再喊:跳!这次跳蚤没跳起来。于是科学家得出结论说,跳蚤的耳朵长在了腿上,截掉腿的跳蚤变成了聋子。

笑话归笑话。笑完之后，让我们用肥胖症作为例子，看看真正的科学家是如何思考的。

人类正变得越来越胖，这个结论你肯定同意吧？那么请问，人类为什么会变胖呢？是因为食物越来越丰盛？还是因为体力劳动越来越少？这两条大家肯定都想到了，但还有没有其他原因呢？

请注意，这个问题的主语是"人类"，不是单个的人。如果只研究一个人的话，可以把他关在实验室里，精确地计算出他每天的热量平衡，或者也可以找几对双胞胎做对照实验。但对于群体来说，事情就变得格外复杂。研究人类群体性疾病的学问叫作"流行病学"（Epidemiology），流行病学研究最大的特点就是变量太多，而科学家又没办法拿人类来做对照实验，因此流行病学研究往往很难得出肯定的结论，必须收集大量的数据并进行统计学分析，才能接近事实真相。

比如这个肥胖问题，除了饮食和锻炼之外，还有一个可能的因素就是环境变化。但是环境变化和饮食、生活习惯的变化都交织在一起，研究者很难把它们区别开来，因此只能另辟蹊径，比如从动物身上寻找突破口。想象一下，如果能找到一群动物，多年来一直和人类生活在同一个环境里，食物和运动量都没有变化，但它们却和人类一样发胖了，那么我们就可以得出结论说，是环境导致它们发胖的。

这个研究不容易做，因为关于动物的研究进行得不够多，很难找到足够的数据。美国亚拉巴马大学伯明翰分校的统计遗传学家大卫·埃里森（David Allison）教授决定接受这个挑战，他检索了好几个权威的生物学研究数据库，并写信给动物学家、毒理学家、动物园和宠物食品公司，向他们征求线索。经过不懈的努力，他终于找到了12个哺乳动物群体符合要求，它们全都来自工业化国家，居住在人类周围，过去的50年内至少测过两次体重，两次测量的时间跨度至少10年以上，当然还要保证这些数据没有受到明显的人为干扰。

埃里森教授找到的群体包括动物园饲养的黑猩猩、实验室饲养的小白鼠、巴尔的摩地区抓获的野生大鼠，以及宠物猫狗等等，动物总数超过了2万只。研究人员把这12个群体按照性别不同构建了24个数据库，并对这些数据进行了统计分析，得出了一个令人惊讶的结论：动物们也长胖了！

具体来说，黑猩猩的体重每10年增长33%，实验室小白鼠每10年胖了12%，巴尔的摩野生大鼠的体重在10年里增加了将近7%。宠物们也不例外，宠物猫每10年增重10%，宠物狗好一点，10年里也增加了3%的体重。总之，所有24个种群的体重都比过去有所增加，如果从纯数学的角度计算，出现这种一边倒情况的概率大约是0.000012%！

当然，这个结果可以有多种解释。比如黑猩猩们很可能像人类那样变得越来越懒，野生大鼠们的生活环境里麦当劳的数量肯定也增加了，但起码那些实验室动物的生存条件和喂养条件在过去的50年里一直没有改变，这一点饲养员们可以作证。

埃里森教授认为，之所以出现如此一边倒的结果，只能有一种解释，那就是除了饮食习惯和锻炼强度的变化之外，我们生存的环境里还存在某种未知的因素，导致了包括人类在内的哺乳动物持续变胖。

埃里森教授将实验结果写成论文发表在2010年11月24日出版的《皇家学会会报B卷（生物学）》（*Proceedings of the Royal Society B*）杂志上。他认为有几种环境因素能够导致这一结果，比如：环境中越来越多的激素类化学物质很可能改变了哺乳动物的新陈代谢；工业化导致的光污染有可能改变了动物们的饮食习惯；甚至某种细菌或病毒感染也有可能导致肥胖，例如一种编号为36的腺病毒（Adenovirus-36）在很多研究中都被证明能够导致被感染者发胖；等等。换句话说，肥胖症甚至有可能是一种传染病！

当然，上述解释都还只是假说，饮食和体育锻炼造成的影响早就获得了很多数据支持，想减肥的人绝不能因为这篇论文就自暴自弃。但这项研究说明，人类整体发胖的原因很可能并不那么简单，也许存在某种未知因素，直接或间接地导致了肥胖这一"世纪病"在人类中的大流行。

# 25

## 福克兰狼的秘密

通过分析 DNA 序列,
科学家可以估算出生物进化发生的年代。

　　距离阿根廷东海岸大约 480 公里远的地方有一个群岛,阿根廷人叫它马尔维纳斯群岛,英国人叫它"福克兰群岛"。岛上特有的哺乳动物"福克兰狼"(Falklands Wolf),其秘密不久前终于被科学家解开了。

　　1833 年,达尔文在环球考察的途中登上该群岛,发现岛上有一种奇怪的犬科动物,毛色褐红,尾巴的尖端是白色的,体形和身体结构与美洲狼很不一样。达尔文甚至认为这可能不是狼,而是一种狐狸。

当时达尔文已经在思考物种进化的问题,他发现同一种动物在相邻的岛上常常存在很多变种,除了福克兰狼之外,加拉帕戈斯群岛的云雀和乌龟也是如此。于是达尔文猜测物种并不是一成不变的,而是会随着环境的不同而产生相应的变化。回到英国后他根据这些事实写成了《物种起源》这部划时代的著作,福克兰狼也像云雀那样被戏称为"达尔文狼"。

不过,后人却对福克兰狼的起源产生了疑问。福克兰狼所生存的群岛面积很小,环境残酷,食物有限,福克兰狼的种群规模不大,不足以单独进化出和大陆种如此不同的新亚种来,于是有人猜测福克兰狼是南美洲原住民带上岛去驯化而成的。

在达尔文的时代,已经有大批欧洲移民来到此地,福克兰狼的生存空间被大大压缩。移民们在岛上开展畜牧业,担心福克兰狼把羊吃了,开始了有针对性的大规模猎杀行动。于是,这个群岛独有的也是唯一的哺乳动物终于在1876年彻底灭绝了,福克兰狼的起源之谜也随着最后一只狼的死亡而被埋进了坟墓。

基因测序技术的出现为这项研究带来了一线曙光。就在2009年,美国加州大学洛杉矶分校(UCLA)的格拉姆·斯莱特(Graham Slater)博士及其同事们从伦敦、利物浦、费城和新西兰等地的5家博物馆里找到了5份福克兰狼的标本(其中甚至包括达尔文亲手采集的标本),并对它们的DNA样本进行了测序,再和其他相近种类的DNA序列进行了对比,发现福克兰狼的近亲不是外表有点像它的南美狐狸，而是南美鬃狼（Maned Wolf）。

这个发现不算神奇，神奇的是科学家们运用"分子时钟测量法"对数据进行了纵向分析，发现福克兰狼早在670万年前就和南美鬃狼分道扬镳了。已知绝大多数南美犬科动物都源自北美大陆，而两块大陆过去是分开的，直到中北美洲（巴拿马等地）由于地质运动而露出海平面，两块大陆这才终于连在了一起。考古学上把这一事件叫作"南北美洲生物大迁徙"（Great American Biotic Interchange），这件事大约发生在300万年前，换句话说，南美洲直到300万年前才有可能出现犬科动物的身影。事实上，迄今为止考古学家在南美洲发现的距今最近的犬科动物化石也不超过250万年。

科学家们还对这5份福克兰狼标本进行了横向对比，发现它们的共同祖先大约生活在33万年之前，而人类直到2万年前才来到南美洲。

综合上述信息，科学家们得出结论说，福克兰狼是在北美洲进化出来的一个古老物种，在"南北美洲生物大迁徙"时代跟随其他动物一起南下，逐渐遍布整个美洲大陆，其中就包括福克兰群岛。该岛距离南美大陆太远，一般动物很难到达，但食肉的福克兰狼很可能依靠捕鱼为食，随着冰山漂到了岛上，成了岛上唯一的哺乳动物。之后，南美洲在更新世晚期发生了一次动物大灭绝，生活在大陆的福克兰狼都死掉了。生活在岛上的福克兰狼偏安一隅，侥幸活了下来，可惜最终还是被人类杀死了。

福克兰狼解密的关键来自"分子时钟测量法"，这个方法假定DNA突变的发生频率是固定的，而有些突变不会影响物种的生存,因此得以不受干扰地保留了下来。科学家通过分析这些所谓的"中性突变"就可以推算出相邻物种的分支年代,这就是"谱系遗传学"(Phylogenetic Profiling)。

这一思路和同位素年代分析法非常相似,不同的是科学家知道天然状态下同位素的正常比率,却无法预知某种古代物种的DNA序列是怎样的,因此只能依靠复杂的数学公式来推算两个相邻物种的分家时间,然后用化石年代来进行校正,这显然存在太多的不确定性。除非能够找到一个保存完好的古代动物标本,分析它的DNA序列,才能对"分子时钟测量法"进行精准的校正。

这个难题直到2009年才终于有了进展。美国俄勒冈州立大学的大卫·兰姆波特(David Lambert)博士及其同事在南极大陆找到了一些生活在250至44000年之间的企鹅骨骼,并通过同位素年代分析法算出了它们的准确时间。南极大陆的低温使得这批骨骼保存完好,科学家们可以精确地测量出它们的线粒体DNA序列,并和现代企鹅的线粒体DNA序列进行对比,从而测出DNA突变的精确速率。

这篇论文发表在2009年年底出版的《遗传学趋势》(*Trends in Genetics*)杂志上。兰姆波特博士估计目前使用的"分子时钟测量法"普遍存在200%—600%的误差,也就是说以前认定发生在10万年前的事件很可能发生在60万年前。这个发现意味着目前关于生物进化的很多结论很可能都要重新进行评估,但这并不说明进化论错了,它只是对进化论进行了一点修正。这件事恰好说明科学是一个具有自我纠错能力的学问,科学正是在这种不断修正的过程中向前发展的。

# 26

## 猴子也会歧视

研究表明,歧视现象属于灵长类动物的本能,就连猴子也会歧视不同部落的成员。

　　大街上有两个人在争吵,如果双方都是中国人,你会怎么想?如果有一方是个外国人,你的第一直觉又会是什么?在大多数情况下,旁观者都会立刻假定那个外国人理亏,因而会首先选择支持自己的同胞,这就是社会学上所说的歧视。
　　歧视是一种很普遍的人类行为,这在东西方国家都能找出无数案例。人类在面对同族和异族时往往会有不同的反应,这种不同仅和族群有关,与其他因素关系不大。这里的"族"不仅指种族,也可扩大至不同的宗教组织或者社会阶层等不同的团体。

随着 21 世纪的到来，歧视已经在全球范围内被插上了"政治不正确"的标签，这是社会进步的表现，但这并不等于说歧视现象就不存在了，它只是变得更加隐蔽了而已。事实上，越来越多的研究表明，虽然大多数人都已意识到歧视现象是不对的，但却很难彻底根除头脑中的歧视潜意识。

歧视现象一直属于社会学范畴，耶鲁大学的心理学家劳瑞·桑托斯（Laurie Santos）博士决定另辟蹊径，从动物学的角度研究一下这个问题。她在哥斯达黎加外海的一个岛上发现了一群恒河猴（Rhesus Macaques），它们虽然长得差不多，但却按照家庭关系的不同分成了好几个不同的部落，部落成员之间平时偶有接触，但大部分时间都聚在一起，很像一个个独立的小社会。

桑托斯博士决定研究一下这群猴子是否存在歧视现象，更准确地说，她想看看岛上的猴子在面对另一只猴子的时候是否会因为对方所属的种群不同而有不同的反应。这个想法说起来简单，做起来很难，桑托斯博士想出了一个变通的办法，她和助手们为每个猴子照了张相，然后把照片随机地拿给其他猴子看，同时记录猴子们的目光停留在照片上的时间。

动物学界有个公认的理论，当一只动物看到新奇或者危险的东西时往往会比平时多注视一会儿。研究表明，岛上的恒河猴在看到其他部落猴子的照片时果然多看了一会儿，这件事说明两点，第一，它们平时就非常在意对方是不是同族的，所以才能迅速分辨出对方的身份。第二，它们对待同族和异族猴子的态度是不同的。

接下来的问题是，这种不同到底说明了什么呢？猴子们之所以会对异族成员多注视一会儿，是因为觉得新奇还是觉得对方危险呢？为了解答这个问题，桑托斯博士又设计了另一个测验。她把猴子的照片分别和香蕉或者蜘蛛放在一起，然后给猴子们看，观察它们的反应。她假定香蕉在猴子眼里代表美好的东西，蜘蛛则代表危险。研究结果显示，当猴子们看到本族成员的照片和香蕉放在一起，或者异族成员的照片和蜘蛛放在一起时，都表现得漫不经心，仿佛这是很正常的事情。可当它们看到相反的组合时，却都表现出异常强烈的好奇心，目光停留在照片上的时间要长得多。桑托斯博士认为这一事实表明猴子们觉得后者的组合太奇怪了，违反了常理。

桑托斯博士将研究结果写成论文，发表在2011年3月出版的《人格与社会心理学杂志》（*Journal of Personality and Social Psychology*）上。她认为这个结果说明，猴子们在心里把异族成员当成了危险的东西，而这实际上就是歧视的一种初级表现形式。

这项研究的意义就在于它揭示了歧视现象的历史根源。恒河猴早在2500万年前就和人类祖先分道扬镳了，这说明歧视现象至少已有2500万年的历史，是灵长类动物在多年的进化过程中逐渐产生的一种适应性行为，属于本能的范畴。

怎么样，你感到很沮丧吗？这倒也不必。科学家们还发现，岛上的猴子经常会换部落，而它们每次更换阵营之后，便都迅速地效忠了新的组织，对原部落的成员则迅速地另眼相待。桑托斯博士解释说，这件事说明歧视异族的本能行为还是具有一定的灵活性的，人类完全可以利用这种灵活性，逐步消除歧视现象。

# 27

# 辣椒传奇

辣椒为什么这么辣?
原因比你想的更复杂。

虽然辣椒早在 6000 年以前就被南美洲的原住民栽培成了农作物,但世界的其他地方直到 500 多年前才首次尝到了它的味道。1492 年哥伦布发现美洲,回程的时候顺便把辣椒带了回去,辣椒迅速风靡欧洲。葡萄牙人又把辣椒带到南亚,从此辣椒便一路北上,从南方进入中国,并成为中餐"五味"中的一员。

准确地说，身为"五味"之一的辣并不能算是一种味觉，而更像是一种触觉。辣椒中含有辣椒素（capsaicin），它能作用于那些本来用于感觉"热"的神经末梢，使人产生被烫伤的错觉，英语里把"辣"叫作"热"（hot）是有道理的。

测量辣椒的辣度有个指标，叫作史高维尔指标（Scoville Scale）。这是美国化学家维尔波·史高维尔（Wilbur Scoville）于1912年发明的，他用糖水稀释辣椒提取物，然后请人品尝。如果稀释到1000倍后终于尝不到辣味了，那么该辣椒的"辣度"就是1000。后来又有人发明了测量辣椒素含量的化学方法，但史高维尔指标仍然沿用了下来。

一般人能忍受的辣椒辣度大概在10000以下，西餐中常见的红色Tabasco辣椒酱的辣度为2500—5000之间，而防身用辣椒喷雾器的辣度是200万！

虽说不少中国人吃菜嗜辣，川菜在世界上也很有名，但最辣的辣椒却不产在中国。南美人非常喜欢吃辣椒，产自墨西哥的萨维那·哈巴内罗（Savina Habanero）红椒曾经保持了13年的"世界辣椒冠军"头衔，它的辣度是57.7万。2000年时，有个印度机构测量了一种产自印度东北的辣椒的辣度，得出的数值为85.5万。这种辣椒名叫Naga Jolokia，当地人叫它"鬼椒"。这个消息被美国新墨西哥州立大学的"辣椒学院"知道了，这个学院研究了一百多年辣椒，该院院长保罗·波斯兰（Paul Bosland）想方设法搞到了几粒"鬼椒"的种子，培育了好几年，终于得到了足够的辣椒进行化验，结果令他大吃一惊，其辣度达到了1001304，几乎是原冠军的两倍。

经过多方验证，该数值准确无误。2007年2月，吉尼斯世界纪录正式把"最辣辣椒"的头衔授给了这种"鬼椒"。

培养超级辣椒是个技术含量很高的活儿，需要极大的耐心和毅力。辣椒只有在严酷的环境下才会产生出大量的辣椒素，培育人员往往故意不给它浇水，或者用高温烘烤。做这一切的时候还必须时刻戴着眼镜和手套，因为即使吹过辣椒的风都会把人辣出眼泪。

为什么要培养超级辣椒呢？除了好玩儿以外，还有一个用处，那就是提取辣椒素。辣椒素虽说可以人工合成，但成本太高。纯辣椒素的辣度是1600万，据说比金子都贵。

有实验证明，辣椒素能杀死癌细胞。美国匹兹堡大学的科学家曾经给移植了人胰腺癌细胞的小鼠喂食辣椒素，结果小鼠体内的肿瘤体积减少了一半。加州大学洛杉矶分校的科学家检验了辣椒素对付前列腺癌的能力，结果也令人满意，有80%的人工培养的前列腺癌细胞被辣椒素杀死了，而那些得了前列腺癌的小鼠体内的肿瘤体积缩小到只有原来的1/5。

火锅店老板看到这个消息一定高兴坏了。且慢！上述两项实验都是在小鼠身上获得的，而且针对的只是这两种癌症。事实上，上世纪90年代时，墨西哥大学的科学家曾经对墨西哥人进行过一次随机对照实验，证明喜欢吃辣的人患胃癌的可能性比不吃辣的人要高。美国进行过类似的实验，也取得了同样的结果。

但是，又有人争辩说，素来喜欢吃辣的墨西哥人患胃癌的比例远远低于美国人，这说明辣椒反而是抗癌的。但是，稍微思考一下就可以知道，胃癌的发病率和吸烟、吃腌制食品等个人习惯也有很大关系，因此上述的推理很不严密。

那么，辣椒到底治癌还是致癌？目前科学界还没有一致的答案。不过，辣椒已被证明能够杀死神经细胞，而且会造成细胞内染色体的异常，所以过量食用辣椒肯定是不健康的，更不用说辣椒造成的头疼和舌头肿胀等不适感觉了。事实上，这正是辣椒植物合成辣椒素的主要原因。

原来，只有哺乳动物才会感觉到辣椒的辣，鸟类没有相应的受体，对辣椒毫无感觉。鸟的肠道短，活动距离长，是传播种子的好帮手。某些植物便进化出了辣椒素，把哺乳动物吓跑，并用鲜红的颜色吸引鸟类前来啄食果实，顺便传播种子。[1]

---

[1] 这个假说后来被推翻了。可参见后文《人为什么喜欢吃辣椒》。

# 28

## 蝾螈的绝技

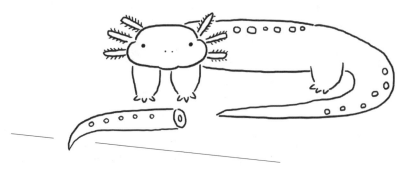

墨西哥蝾螈的存在,
给了器官再生研究者极大的信心。

汽车车门被撞坏了怎么办?先试试能不能修,修不好就换一个。胳膊骨折了怎么办?先试试能不能接骨,接不上的话就只有截肢了。

现代医学进展神速,但为什么器官再生领域多年来一直没有进步呢?甚至连从事这方面研究的科学家都很少?原因很简单:大自然里几乎找不出任何一种高等动物有这本事。

医学领域的研究者非常重视先例。任何一种治疗方法，假如自然界没有类似的先例，那么科学家们就不会轻易去尝试。就拿器官再生来说，如果没有先例，一来研究者无从下手，二来也许器官再生违反了生物界的某个基本规律，最终被证明是不可能的。

必须说明的是，很多高等生物具有很低级的器官再生能力。比如，人的手指尖端被截去一小段，如果处理得当的话，是能够再生出一个新指尖的。但如果伤到了第一指关节，那就没办法了。还有，很多生物在幼年时期具有一定的器官再生能力。比如蝌蚪的四肢如果被截断的话是能够再生的，但变成青蛙后就不行了。越是高等动物，器官再生能力退化得就越早。哺乳动物只在胚胎时期具有微弱的再生能力，过了胚胎期，细胞分化完成后，这个能力就消失了。

世界上只有一种脊椎动物成年后依然保持着相当强的器官再生能力，这就是墨西哥蝾螈（Axolotl）。这种小动物只生活在墨西哥首都墨西哥城附近的一条河流里，体长15厘米左右，模样滑稽，当地人叫它"水怪"。成年墨西哥蝾螈的四肢、尾巴、眼睛、下巴、内脏……甚至一部分大脑都可以再生！更为奇特的是，墨西哥蝾螈的器官再生能力似乎是无限的，新生器官如果再次受伤，仍然可以再生一个新的出来，就像人的头发一样。

墨西哥蝾螈给了器官再生研究者极大的信心，他们梦寐以求的"先例"终于被找到了。初步研究表明，当墨西哥蝾螈受伤后，缺损部位的血管立即闭合，表皮细胞迅速聚集在伤口处，形成一层被称为"胚芽"（Blastema）的新鲜组织。科学家们曾经认为，

"胚芽"是由体细胞"去分化"后形成的多功能干细胞组成的，这些多功能干细胞就像胚胎干细胞一样，可以进一步分化成其他类型的细胞，形成各种组织，并按照基因携带的指令，慢慢长出一个个新的器官。也就是说，整个再生过程就相当于重复了一遍胚胎发育的步骤，无须专门编写特殊的程序。

如果人类试图模仿墨西哥蝾螈，首先必须想办法让伤口处的细胞"去分化"，也就是让已经分化的体细胞倒着发育，重新变成多功能干细胞。这个过程早在2006年即被日本科学家山中伸弥证明是可行的，他找到了四种"转录因子"，能够在实验室条件下把成年体细胞重新变成多功能干细胞。但是这个诱导过程十分复杂，很难控制，转化效率也不高，距离人体试验为时尚早。

2009年7月初，事情出现了转机。德国马克斯·普朗克分子细胞遗传学研究所研究员艾莉·田中（Elly Tanaka）博士和她领导的一个研究小组在国际著名科学杂志《自然》上发表了一篇论文，证明墨西哥蝾螈"胚芽"内的细胞并不是多功能干细胞，而是只具有部分功能的"限制性"干细胞。也就是说，墨西哥蝾螈伤口细胞的"去分化"过程进行得并不彻底，没有完全回到胚胎时的初始状态，而是分别"记住"了各自的身份，并在器官再生过程中严格地做了分工，肌肉细胞只会变成肌肉，真皮细胞只会变成真皮，等等。

这个秘密说起来只有一句话，但研究起来格外困难。蝾螈伤口处的"胚芽"细胞外表看起来都一样，很难区分，因此也就没法跟踪它们的去向。多亏田中博士发现了一种变异的墨西哥蝾螈，其体细胞失去了色素，通体透明。接着，研究人员把一种荧光蛋白基因导入蝾螈胚胎细胞，凡是接受了这种基因的细胞全都呈现出鲜明的绿色。最后，他们把这种经过改装的胚胎细胞植入蝾螈胚胎，培育出一组新的动物，有的肌肉细胞全部是绿色，有的造骨细胞全部是绿色，等等。这就相当于找到了一种染色法，把活动物的不同组织进行了染色。

之后的研究就好办多了。科学家们把这些动物进行截肢，观察新生成的四肢的颜色分布情况，终于纠正了以前的错误认识。

这个发现意义重大。它第一次证明，人类要想模拟墨西哥蝾螈的再生功能，不必非得把伤口处的细胞全部变成多功能干细胞，而是只需后退半步，让它们回到各自的初始状态，即"单功能干细胞"即可。

再生医学界对这项发现评价很高。长期研究墨西哥蝾螈的美国图兰大学（Tulane University）科学家肯·穆尼奥卡（Ken Muneoka）认为，这项发现说明人类也许只需10—20年就可以实现器官再生的理想了。穆尼奥卡和他领导的研究小组刚刚从美国国防部接受了一笔高达625万美元的研究经费，正在埋头苦干，力争尽早实现人类医学领域最大的奇迹。

如果人类有朝一日真的能够实现这一理想，最大的功臣就是墨西哥蝾螈。但是，由于环境污染等原因，这种小动物在野外的数量估计只剩下不到400只了。按照墨西哥原住民阿兹特克人（Aztec）的说法，墨西哥蝾螈是阿兹特克神的化身，如果它们灭绝了，那么人类也就会随之灭绝。

这个传说还真有点道理。这个例子清楚地表明，生物多样性对于人类的健康发展是多么重要，保护环境就是保护人类的未来。

# 29

## 撒谎的代价

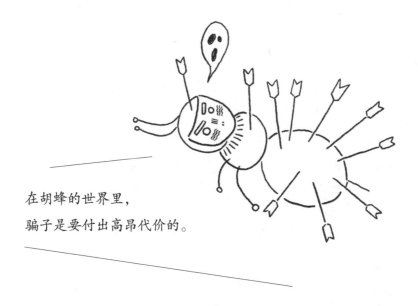

在胡蜂的世界里，
骗子是要付出高昂代价的。

美国大学采用学分制，即使文科专业的学生也都会被要求修满几个理科学分才能毕业。因为生物学需要的数学基础相对较少，很多人都会选修"生物学入门"（BIO 101）。这门课有套教材非常流行，分理论和实验两部分，第一堂实验课的主题是动物行为，研究对象是大家都熟悉的蟋蟀。

学生们把一群彼此从来没见过的雄蟋蟀放到一个箱子里，它们很快就捉对厮杀起来。战败的蟋蟀通常不再挑衅，遇到比它强的蟋蟀便会主动投降，绕道而行。于是，一段时间之后这个箱子里的蟋蟀就不再打斗了，而是按照实力分成不同的等级，彼此相安无事。

通常情况下这个过程只需要半个小时就能完成，还留下15分钟时间供老师讲解其中的含义。说起来，这事其实一点都不神秘。打斗耗费体力，甚至会有生命危险，如果打赢的可能性很小，那最好的办法就是选择臣服，避免不必要的伤亡。从进化论的角度看，这种对种群有利的习性是必然出现的结果。

不过，蟋蟀毕竟还要打斗一阵子，有没有办法让一个种群的成员们仅凭外貌就能辨识出谁更强，从而避免战斗呢？胡蜂（*Polistes dominulus*）就进化出了一套这样的机制。雌胡蜂经常要为争夺巢穴而打斗，但它们进化出一套脸谱系统，用面部花纹的不同表明自己的打斗实力。如果一只雌胡蜂的面部花纹比较细碎，那么她的打斗能力就要比面部花纹较完整的雌胡蜂更强。于是，当两只雌胡蜂相遇时，仅凭视觉就能迅速判断出双方的实力对比，花纹较为完整的雌胡蜂会迅速地趴在地上，降低触角，以此动作表示臣服。

类似这样的视觉辨识系统在很多动物种群里都能找到。比如雄鹿在打斗前都会先看看对手的鹿角，如果远比自己的大就会放弃争斗。某些种类的鸟和蜥蜴则进化出了夸张的羽毛或者色斑，以此来表明自己的发育状况，警告对手不要轻易出招。

看到这里，有人也许会问，这套分辨体系也太容易被骗了吧？如果有只胡蜂发生了突变，脸部花纹和打斗能力不匹配，岂不很容易骗过对手，并把这个"欺骗基因"传下去？确实，如果只从遗传的角度看，这是有可能的，但为什么事实上胡蜂种群却没有出现骗子呢？生物学家们为此想出了多种解释，最流行的理论认为，胡蜂一定进化出了一种惩罚机制，对骗子施以严厉打击，这才保住了这个看似脆弱的分辨体系。

这个假说提出了很久，一直没办法被实验证明。2010年，美国密歇根大学生态和进化科学系的教授伊丽莎白·提拜茨（Elizabeth Tibbetts）设计了一个精妙的实验，证实了这个假说。

提拜茨教授用一种颜料将胡蜂的面部进行重新染色，把原本看似"示弱"的脸谱变成"示强"，然后让它们和从来没见过的雌胡蜂交手，结果蒙在鼓里的雌胡蜂一开始被对手吓住了，但很快就通过一些小的试探行为发现了对手的破绽，此后便大举进攻，纠缠不休，很像人类被骗后的报复行为，一定要和骗子血战到底。

为了排除这种颜料可能存在的化学干扰作用，科学家们还用颜料染了另一批雌胡蜂，但不改变脸谱的特征，结果胡蜂们相安无事，双方争斗的时间和完全不涂颜料的对照组无异。

接下来，提拜茨教授又用一种荷尔蒙将一批原本攻击性不强的胡蜂转变成好斗的胡蜂，再将它们和普通胡蜂配对，结果发现普通胡蜂同样对这些看似羸弱其实凶狠的胡蜂充满了攻击性，双方争斗的时间和力度同样超过了正常情况。

有趣的是，如果先用荷尔蒙提高胡蜂的攻击性，再用颜料修改它们的脸谱，把原本羸弱的胡蜂里里外外都变成强者，双方的打斗时间就和对照组相似了。

提拜茨教授将实验结果写成论文，发表在 2010 年 8 月 19 日出版的《当代生物学》（*Current Biology*）杂志上。实验结果表明，当胡蜂感到自己被欺骗时，便会想尽一切办法惩罚骗子，与之纠缠不休。这样做的结果让造假者蒙受了更大的损失，使之没有进化优势，从而保护了胡蜂的这套看似脆弱的身份辨识体系，对胡蜂种群长久健康地发展非常有利。

总之，胡蜂通过让撒谎者付出高昂代价的方法控制了骗子的数量，这就是胡蜂种群直到现在都没有进化出骗子的根本原因。动物世界如此，人类世界呢？

# 30

# 团结友爱的微观世界

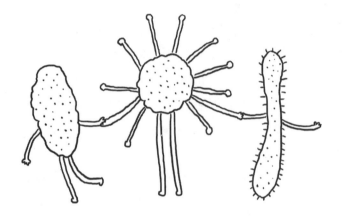

微生物具备一种特殊的进化能力,
它们不再相互竞争,而是团结友爱,取长补短,
并在这一过程中加快了进化的速度,
迅速地提高了适应环境的能力。

2011年11月22日，美国马萨诸塞大学（University of Massachusetts）遗传学家琳·马古利斯（Lynn Margulis）因中风去世，享年73岁。她的一生非常传奇，年轻时以一己之力和整个遗传学界抗争，最终获得胜利，此后又试图把"团结友爱"这个文学词语加入到地球生物圈的研究当中，引来诸多争议。

故事要从1938年说起。那一年的3月5日，芝加哥南区的一个律师兼商人生了一个女儿，取名琳·亚历山大（Lynn Alexander）。当时的芝加哥治安不好，南区尤其糟糕，在如此险恶的环境里长大的琳异常早熟，18岁就从芝加哥大学生物系毕了业。就在毕业那年，她在楼梯上偶遇同校的天文系研究生卡尔·萨根（Carl Sagan），两人很快坠入情网，并于第二年结婚。

这个萨根可不简单，他不但在天文学研究领域取得了很高的成就，而且还被公认为美国历史上最好的科普作家之一，甚至被美国媒体尊称为美国的"公共科学家"。他一生写过好多本非常有名的科普著作，而且还创作过一部科幻小说《接触》（Contact）。这部小说后来被好莱坞拍成了同名电影，被公认为近年来少有的科幻佳作。

和萨根结婚后，琳没有放下学业，最终在加州大学伯克利分校拿到了博士学位，并在波士顿大学找到了一份工作，研究微生物进化。也许是受到丈夫的影响，琳在研究中敢于挑战权威。当时的主流生物学界信奉"新达尔文主义"，即认为进化的唯一动力就是随机的基因突变，以及在此基础上的自然选择。但是，琳通过对线粒体的研究，发现事实很可能不那么简单。

"当时最有名的几个进化研究者都是研究动物学出身，他们的注意力都集中在过去 5 亿年之内的动物化石上面了。"琳后来在一篇回忆文章中写道,"而我研究的是微生物,有长达 40 亿年的化石记录!上世纪 60 年代之前的进化学家们都有意忽略了这部分化石记录,因为他们找不到合理的解释。"

通过自己的研究,琳认为微生物世界的进化有一条完全不同的途径。简单来说,她认为真核生物细胞内的很多细胞器(比如线粒体和叶绿素)都不是凭空进化出来的,而是由于某个真核细胞吞食了一个体积更小的原核微生物,然后双方各取所需,逐渐演化成了共生的关系。

这个理论被称为"内共生学说"(Endosymbiotic Theory),最早的提出者并不是琳,但那几个先驱者都因为不敢坚持自己的理念而最终放弃了研究。琳不信邪,她重新拾起了前人的研究成果,并以琳·萨根的名义写了一篇论文,再次提出了这个理论。这篇论文先后被 15 家科学期刊拒绝,最终于 1967 年被《理论生物学杂志》(Journal of Theoretical Biology)接受并发表。此后她又补充了很多材料,将这篇论文扩展成一本书,取名为《真核细胞的起源》(Origin of Eukaryotic Cells)。此书出版后震惊了科学界,很多权威人士拒绝相信琳提出的这个惊世骇俗的理论。但是随着 DNA 分析技术的发展,科学家们终于发现,线粒体的 DNA 和细胞核的 DNA 几乎没有任何关联,反而和一种古老的细菌同源。叶绿素的 DNA 也和宿主没什么关系,而是和海洋中的一种依靠光合作用生存的蓝细菌更加相似。

如今,这个内共生理论已经被主流科学界所接受,并被写进了生物学教科书。这个理论可不只是关于生物进化的,它还有很多实际用途。比如,有越来越多的证据表明,细菌之所以很容易对抗生素产生抗性,并不是因为基因突变,而是细菌之间互通有无、互相交换DNA的结果。明白了这一点,你就会知道滥用抗生素会有怎样的恶果。

需要指出的是,这个理论和新达尔文主义并不存在根本性的冲突,它只是达尔文进化论在微观世界的一个特殊案例而已,进化的主要机制仍然是基因的随机突变。但是,这个理论颠覆了传统进化论的一个基石,它告诉我们,不同生物之间并不只是相互竞争的关系,它们还可以相互利用,共同进化。这就是为什么这个理论被很多非科学人士所喜爱的原因,大家更希望看到生命世界还存在一种相互友爱的关系,而不全是冷冰冰的生存竞争。

可惜的是,如此温馨的理论并没有挽救萨根夫妇的爱情,两人因感情不和而离了婚,琳又嫁给了生化学家托马斯·马古利斯(Thomas Margulis),她也随了夫姓,改名琳·马古利斯。

改名后的琳把兴趣转移到了生物圈,成了"盖亚理论"(Gaia)的信徒。这个理论认为整个地球就是一个巨大的生命体,具备自我调节的能力。可惜的是,这个理论更像是一个哲学思想而非科学理论,主流科学界支持它的人不多。

当然,这件事并不影响她在科学史上的地位。由于她的原因,有越来越多的人意识到生物之间的关系远比新达尔文主义理论设想的要复杂很多倍。

# 31

## 驼鹿的启示

驼鹿的例子告诉我们,
婴儿期的营养缺乏很有可能造成不可逆转的损伤。

美国和加拿大交界处的苏必利尔湖上有个名叫"皇室"(Isle Royale)的无人岛,长85公里,宽13公里,与陆地最近的直线距离是24公里。1900年左右,第一批北美驼鹿(Moose)游上了该岛，成为岛上唯一的大型哺乳动物。可惜它们的好日子只过了50年，一群北美灰狼趁着湖水结冰的机会走上了该岛，从此这个岛就成为驼鹿和灰狼之间生死角逐的战场。

1958年，一位名叫杜华德·艾伦（Durward Allen）的生态学家登上该岛，开始研究驼鹿和灰狼之间的关系。驼鹿唯一的敌人就是灰狼，而灰狼几乎只吃驼鹿，两者之间的关系非常简单。再加上这个岛大小适中，遂成为生态学家研究捕食者和猎物关系的最佳天然试验场。

这项研究一直坚持到现在，被称为全球生态领域类似研究中时间最长的一个。如今这项研究的带头人已经换成了美国生态学家洛夫·皮特森（Rolf Peterson），根据他的统计，如今岛上生存着1000头左右的驼鹿，和大约24头灰狼，两者之间达成了一个动态平衡。

别以为这样的研究只和生态学有关。皮特森教授意外地发现了一桩奇案，很有可能改变了人们对关节炎成因的认识。

原来，研究人员先后在岛上收集了4000多具驼鹿骨骼，并对其中保存较完好的1100具骨骼进行了研究，惊讶地发现竟然有超过一半都患有骨关节炎（Osteoarthritis）。这是一种最常见的关节炎，经常又被叫作退行性关节炎（Degenerative Arthritis），病人的关节软骨过度磨损后失去了缓冲作用，使得骨骼相互间"干磨"，导致发炎。与此同时，病人发炎部位的软骨、骨骼、滑膜、韧带和肌肉细胞都重新被激活，试图修补损失，其结果经常是矫枉过正，导致骨质增生，在关节处形成骨赘甚至骨刺，进一步降低了关节的灵活性。

从这个描述来看，骨关节炎非常符合老年病的特征，大多数医学书上也都称这种病的病因是"磨损和撕裂"（Wear and Tear）。按照这个说法，人到了一定岁数都会程度不一地患上这种病，但实际情况并非如此，很多人直到老年都没有患病迹象。另外，超重的人和经常劳动的人也并不一定就比瘦子和养尊处优者更容易得病。于是又有人猜测这种病很可能与遗传有关，并通过研究得到了部分证实。

那么，皇室岛上的驼鹿又是怎么回事呢？皮特森教授仔细测量了那些驼鹿的跖骨（Metatarsal Bone）的长度，终于发现了问题所在。跖骨是驼鹿脚上的一根小骨头，在驼鹿发育的早期，这根骨头的生长速度很快，长到28个月后，跖骨便会钙化并停止生长，因此跖骨的长度是驼鹿发育早期营养状况的一个很好的指标。皮特森教授发现，跖骨长度与骨关节炎之间有着明显的对应关系，跖骨越短，患骨关节炎的概率也就越高。换句话说，驼鹿发育期间的营养越差，长大后就越容易患上骨关节炎。

皇室岛有着漫长的冬天，冬天到来时地上积雪很厚，驼鹿不容易找到食物，很容易导致营养不良。皮特森教授通过分析后认为，正是母驼鹿营养不良导致了奶水不足，从而让小驼鹿在发育初期营养不良，进而导致了骨关节炎的产生。

"这种病对驼鹿来说是致命的，灰狼很快就能发现走路跛脚的驼鹿。"皮特森教授说，"事实上我们在野外几乎看不到活着的患有骨关节炎的驼鹿，它们全都迅速地被灰狼发现并吃掉了。"

皮特森教授将这个研究结果写成论文，发表在2010年7月7日出版的《生态学通讯》（Ecology Letters）杂志上。文章认为，驼鹿发育期的营养状况决定了关节软骨的发育程度，而这极有可能决定了成年后骨关节炎的发病率。类似情况不光发生在骨关节炎领域，已有证据表明哺乳动物的心血管疾病也与发育期的营养状况有着密切的关系。

那么，类似的案例在人类中出现过吗？答案是肯定的。美国科学家曾经猜测，当初北美印第安人在被殖民后患骨关节炎的概率迅速增加，原因就是殖民者强迫印第安人改吃玉米，而玉米的营养显然不如北美野牛的肉。

不过，这个例子的年代太过久远，不能说明问题。有没有现代的例子呢？这样的例子不好找，因为科学家不可能拿人做实验，只能从现成的案例中寻找。伊斯兰教恰好提供了一个很好的例子。众所周知，伊斯兰信徒在斋月期间的白天是不能吃东西的，如果一名伊斯兰妇女在怀孕的关键时期恰逢斋月，是否会对婴儿的健康有影响呢？英国南汉普敦大学的科学家尼克·艾什顿（Nick Ashton）统计了7000多名沙特阿拉伯婴儿，发现如果母亲在怀孕的中晚期恰逢斋月的话，男婴胎盘的重量比平均值轻3%，女婴则轻1.5%。

已有证据表明，胎盘重量过轻会导致孩子长大后更容易患心血管疾病。因此艾什顿教授呼吁科学界加强这方面的研究，看看母亲怀孕期间的营养不良是否会对婴儿成年后的健康状况产生负面影响。

# 32

## 鸭嘴兽传奇

鸭嘴兽是澳大利亚国宝,
悉尼奥运会的三个吉祥物之一就是鸭嘴兽。
那么,它到底属于哺乳动物还是鸟类呢?

1789 年,英国一位远洋船长从澳大利亚带回一具奇怪的动物标本,它的嘴像鸟类(鸭子),皮毛像哺乳动物,骨骼像爬行动物。当时的英国动物学家们见到这具奇怪的标本后,第一个反应就是:这是伪造的!有人当场拿出一把剪刀,剪开了"鸭子嘴",试图找出造假时留下的针脚,却没有找到。

如今这具标本被放在了伦敦的自然历史博物馆里展出，标牌上写着：鸭嘴兽（Platypus）。游客如果仔细看的话，仍然可以看到那个剪刀口。

1831年，年轻的达尔文乘坐"贝格尔号"皇家军舰开始了为期五年的环球航行。1836年1月19日，船在回国途中停靠澳大利亚东岸，达尔文终于在一条小河里见到了活着的鸭嘴兽。后来他在航海日记中详细描写了他在澳大利亚见到的很多奇怪的动物，并发出了这样的慨叹："肯定有两个造物主参与了！"（澳大利亚和欧亚大陆上的动物）

1859年，达尔文出版了《物种起源》一书，提出了著名的进化论。但是，在达尔文的时代，类似鸭嘴兽这样的过渡型动物是非常罕见的，即使连过渡型动物的化石都很少。神创论的信徒抓住这一点，攻击进化论有"缺环"，不可信。为了回答这个问题，达尔文在《物种起源》中专门用了两个章节进行了讨论，并提出了一个大胆的预言：将来考古学家一定会发掘出大量的过渡型动物化石。

如今，达尔文的预言正被越来越多的考古发现所证实。考古学家们已经发现了从线虫到节肢动物、从棘皮动物到脊椎动物、从鱼到四足动物、从爬行动物到哺乳动物……几乎所有的过渡型动物化石。就在最近，纽约科技学院的科学家甚至发现了一个"中颈鹿"化石，其脖子的长度刚好介于长颈鹿和它们的短脖子祖先之间。这些考古发

现从各个方面证明了进化论的正确性。

需要指出的是，神创论信徒创造的"缺环"这个概念并不准确。生命的进化并不是从低级"过渡"到高级，像一条连续不断的长链，而是从一个共同祖先进化出一个个"旁支"，更像是一棵树，并不能说哪个枝杈更"高级"。比如，人和猩猩是在700万年前从一个共同的祖先分别进化而来的，无论是人还是猩猩如今都还健在。

所谓"过渡型"生物代表了进化树分杈的那一刻，是研究生物进化过程的重要工具。但是，过渡型生物并不是只能在化石中寻找，有些过渡型生物还活着呢。比如鸭嘴兽，它本身属于哺乳动物纲中的一个独特的目——单孔目，其成员只有两种：鸭嘴兽和针鼹。两者都产自澳大利亚，因为那块大陆的封闭性，侥幸活到了今天。

它们的存在为DNA研究提供了可能。DNA是研究进化的好材料，分析DNA序列可以判断出生物进化的顺序。比如，在研究了某个常见的基因后发现，动物甲在这个基因上带有A变异，动物乙带有A和B变异，动物丙带有A、B和C变异，动物丁却找不到A、B和C变异。这就说明，乙是从甲进化来的，丙又是从乙进化来的，丁则在进化上和前三种动物相距甚远。

当然，这里需要假定A、B和C变异都属于对基因功能没有影响的所谓"中性"突变。一旦自然选择起了作用，那就不好说了。

多年前，美国华盛顿大学的科学家韦斯利·沃伦（Wesley Warren）领导了一个近百人的研究小组，从一只名为Glennie的澳大利亚雌性鸭嘴兽身上提取DNA进行测序，其结果终于在2008年

5月7日出版的《自然》杂志上被公布了出来。结果表明，鸭嘴兽的基因组共有22亿个核苷酸，其中大约包括18500个基因，比人类少30%，但和其他哺乳动物相当。鸭嘴兽基因组和人类等哺乳动物大约有82%的同源性，说明鸭嘴兽更接近哺乳动物，而不是爬行动物。

这项研究有助于搞清哺乳动物的进化轨迹，回答哺乳动物进化的一些基本问题。比如，哺乳动物到底是先进化出了乳腺还是先进化出了胎生呢？众所周知，鸭嘴兽会下蛋，但同时又会哺乳。科学家分析了鸭嘴兽的基因，发现它们已经进化出一批和乳汁分泌有关的基因，这些基因和牛，以及人体内的乳汁基因是同源的，这说明鸭嘴兽和哺乳动物的共同祖先已经进化出了哺乳功能，胎生则是后来才进化出来的。

基因分析还发现，鸭嘴兽的性别决定方式十分奇特。它们有5对、一共10条性染色体，如果借用哺乳动物的性染色体名称的话，雄鸭嘴兽的基因型就是XYXYXYXYXY，更像鸟类的性别决定模式。这说明，哺乳动物的性别决定方式是后来才进化出来的。

总之，基因分析解决了生物界关于鸭嘴兽进化地位的疑问。曾经有人怀疑鸭嘴兽可能是有袋类（比如袋鼠）的一个变种，但基因分析表明这个说法是错误的。鸭嘴兽确实应该属于哺乳动物，但它从1.66亿年以前就从哺乳动物进化的主干分离出去了，远比有袋类和胎盘类（比如人）共同的祖先要早。

# 33

# 植物的秘密生活

植物之间存在着复杂的物质和信息交换网络,研究这个网络有助于人类更好地管理大自然,并提高农业生产的效益。

虽说动植物都是人类的朋友，但人们似乎更喜欢养宠物，因为人们相信自己能猜出宠物的心思。植物则不然，它们没有人类熟悉的信息传递方式，我们对它们了解甚少，不知道它们生活得怎么样，到底在想什么。

就拿我们平时最常见的行道树来说，它们的日子过得好吗？除了按时浇水，定期施肥，它们还需要我们做什么？这个问题很难回答，一旦我们发现它们需要什么，往往就意味着它们已经病入膏肓了。

我们可以换一种思路来理解这个问题。想想看，野生植物的生存状态和城市里的人工植物有何不同？去真正的原始森林里走一趟你就会明白两者的差别还是很大的。野生状态下任何一棵树都不会是单独生长在那里的，它的周围肯定会生长着很多同种或者不同种的树木，还会有野草、藤蔓和各种昆虫与之相伴。也就是说，在自然状态下每棵树都必须和周围的动植物发生关系，它们之间的物质和信息交流肯定极为频繁。但是，这种交流通常发生在分子层面，肉眼是看不到的，必须借助科学实验才能窥探到植物的秘密生活。

这种实验难度很高，因为自然状态下的植物密度大，物质传递的路线极为复杂，如何才能跟踪这些物质的传递呢？这就需要请出放射性元素。日本的核电站事故让我们意识到了放射性元素泄漏的危险，但其实放射性元素是研究植物通讯的最佳方式，因为带有放射性的元素其化学特征没有变化，科学家可以利用其放射性元素追踪它的路径。加拿大不列颠哥伦比亚大学的植物学家苏珊娜·斯玛德（Suzanne Simard）博士便利用放射性碳-14作为标记物，发现水分和养料通常会从健康状况良好的植物流向身体较弱的植物,好像植物懂得帮助弱者似的。她用这个方法研究了道格拉斯冷杉,发现成年冷杉会通过根系将营养成分传递给同种的幼杉,帮助它们生长。

营养成分的传递靠的是生活在土壤中的微生物,它们帮助植物吸收养分,传递信息,以此来换取植物提供的能量。这是一种典型的共生关系,事实上每棵树的根系都是一个错综复杂的生态系统,城市里的行道树缺的就是这个。

植物可以依靠信息传递来识别亲友,最早发现这一点的是加拿大麦克马斯特大学(McMaster University)的植物学家苏珊·达德利(Susan Dudley)博士。她和同事们研究了美洲海南芥(American Sea Rocket)的生长情况,发现如果一株海南芥单独生长的话,它的根系扩张便进行得毫无限制,对营养物质的吸收也是竭尽全力。但如果是一群海南芥长在一起的话,它们便会互相谦让,仿佛知道和自己竞争的是兄弟姐妹。

进一步研究发现,海南芥是通过根系分泌物来识别对方的。这种分泌物中包含的糖分、蛋白质、氨基酸、类黄酮、苯酚和有机酸等化学物质都可能被用来传递信息。

植物之间的信息传递还能够用来协调防卫机制。美国科罗拉多州立大学的植物学家阿曼达·布罗兹(Amanda Broz)博士曾经研究过虎杖(Knotweed,一种紫菀科植物)的防卫机能,她用人工方法模拟害虫的进攻。如果实验对象的周围长着一群虎杖,它便会分泌出植物毒素来阻止害虫的进攻;如果实验对象的周围生长着一群其他植物，那么它便不加理会，把防卫害虫的重担交给异类。

分泌植物毒素需要消耗能量，所以狡猾的虎杖不到万不得已的时候是不会这么做的。布罗兹认为虎杖之所以是一种公认的极厉害的入侵植物，就是因为它们总是协调起来一起行动。一旦虎杖侵入某个适宜生长的地区，那么在很短时间内它便会取代该地区原有的植物，成为新的霸主。

科学家们之所以热衷于研究植物的秘密生活，并不光是为了满足自己的求知欲，这项研究有助于农民提高产量，降低成本。大家都知道，现代农业的特征就是单一品种种植，这是和野生状态决然不同的一种生活方式，很可能出现这样或那样的问题。科学家们希望搞清植物共生的秘密，让农作物更加健康。

　　南美洲的玛雅人就很会利用这一点。他们在同一块地上种玉米、豆子和青南瓜，而且一定要按照次序来种，即先种玉米，等玉米茎秆长成后再种豆子，茎秆刚好为豆苗提供了攀爬的支柱，而豆子则通过根瘤菌固氮，为玉米提供养分，最后再种青南瓜，让匍匐在地的南瓜叶子挡住盛夏的阳光，保持土壤水分，从而度过南美洲漫长的旱季。

　　这种种植方法听上去很完美，但肯定会增加农民的劳动量，也不利于机械化作业，不可能大面积推广。如果科学家搞清楚三种植物各自的功能，并加以模仿的话，就能趋利避害，达到同样的目的。事实上，地膜完全可以替代青南瓜叶片，木头支架可以代替玉米茎秆，唯一无法替代的是根瘤菌，只能用氮肥来弥补。科学家们正在加紧攻关，希望有一天让根瘤菌生活在非豆科植物的根须上。

# 34

# 植物的免疫系统

植物和动物一样,
也有复杂的免疫系统。

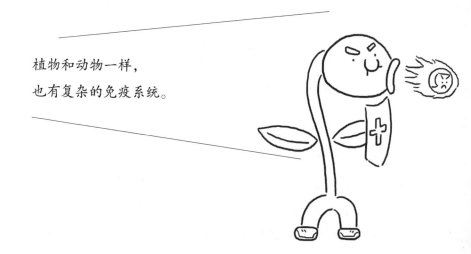

　　植物有免疫系统吗？答案似乎应该是肯定的，否则植物该怎么防止自己生病呢？可是，如果我们检查一下植物的身体就会发现，植物的免疫系统肯定跟动物的有很大区别，因为我们找不到熟悉的免疫器官，比如脾脏、淋巴结和骨髓等。

　　如果我们能找到一架显微镜，用它观察一下植物的细胞构成，结果同样令人失望，我们找不到任何一种熟悉的淋巴细胞。如果我们再进一步，用科学仪器分析一下植物的分子构成，就会发现植物的身体里根本没有抗体。由此看来，植物即使有免疫系统，也肯定会和动物的很不一样。

不过，最近这十几年的研究表明，上述结论下得为时过早。植物的免疫系统起码有一点和动物非常相似，那就是"识别非我的机制"。

如果我们必须用一句话给免疫系统下个定义的话，答案一定是"识别非我的机制"，这才是免疫系统最核心的部分，其余的那些花哨的东西，比如抗体的形成或者巨噬细胞消灭敌人的能力，都必须建立在这个机制之上。换句话说，只要生命体能够将敌人辨认出来，剩下的事情就好办了。目前医学界遇到的最难对付的几种疾病，比如艾滋病和自免疫疾病，其根源都出在这一步上。

具体来说，艾滋病为什么这么难治？根本原因就是我们的免疫系统没办法有效地识别出HIV病毒，总是让它钻了空子。为什么自免疫疾病那么难以对付？就是因为我们的免疫系统错误地将自己人当作了敌人，其结果一定是灾难性的。

那么，植物是靠什么来识别非我的呢？答案要从细胞表面受体（Receptor）上去寻找。细胞表面受体是一类横跨细胞膜内外的蛋白质，其露在细胞外面的部分能够和周围环境中的特异性分子相结合，一旦这种结合发生了，留在细胞内的那部分受体分子的三维结构就会发生相应的改变，从而触发一系列化学反应，比如激活防卫细胞前往杀敌。

科学家们早就做出预言，高等生物细胞表面一定存在能够识别非我的受体，但因为实验难度很大，这个领域一直进展缓慢。最先做出突破的是植物界的研究人员，美国著名的霍华德·休斯研究所研究员布鲁斯·布特勒（Bruce Beutler）博士于1995年在水稻中发现了第一个能够识别非我的植物细胞表面受体基因，取名叫作Xa21。此后科学家们又在水稻和拟南芥（一种专门用来做研究的模型植物）中发现了一系列相似的细胞表面受体，其中在拟南芥中发现的FLS2受体非常重要，这是第一个搞清了作用机理的细胞表面受体，研究人员发现这种受体能够特异性地与flg22蛋白质片段相结合，而这个flg22恰好是所有细菌的鞭毛表面都有的一个蛋白质片段。几年之后，Xa21的标靶也找到了，它就是水稻麹霉菌细胞表面的一个蛋白质片段。如果把这两个基因都去掉的话，水稻和拟南芥都会对细菌感染失去抵抗力。

在这项成果的激励下，布特勒博士又在1998年发现了哺乳动物的第一个细胞表面受体基因TLR4，布特勒证明TLR4基因所编码的蛋白质能够特异性地和脂多糖（LPS）相结合，从而触发免疫反应。这个LPS是所有革兰氏阴性细菌表面都具有的一类化学物质，其结构多年来一直没有改变。换句话说，TLR4受体的功能就是在第一时间对环境中的LPS做出反应，并迅速发出警报，因为LPS的出现预示着细菌来袭。

因为这两项伟大发现，布特勒博士当选为美国国家科学院院士。

这两个结果,以及后来的一系列后续实验都说明了一个关键问题,那就是动植物所采用的识别非我的手段从本质上看是一样的。问题在于,动物和植物早在10亿年前就分道扬镳了,两者的亲缘关系已经远得没法更远了。这个现象在进化领域被叫作趋同进化(Convergent Evolution),大意是说,两个在亲缘关系上完全不相干的物种,在面对同样的需要时分别进化出了相同的功能或者器官。无论动物还是植物都要面对来自细菌的入侵,它们经过多年的进化,都找到了相同的对付方式,那就是针对细菌表面的某些保守的分子结构,进化出特异性的分子表面受体,作为启动免疫反应的信号弹。

关于植物免疫系统的研究可不光是为了让植物更健康,科学家们相信,人类一定能从植物中学到一些新的防御手段,最终用来对付人类的疾病。

# 35

# 一觉醒来，火星到了

有一个办法十分诱人，
就是让宇航员在冬眠的状态下飞到遥远的火星。

2006年3月,美国国家航空航天局(NASA)发射的一颗探测卫星终于进入了火星轨道,即将开始为期四年的科学考察。NASA的最终目的是想把人送到火星上去,并为此提出了一个耗时50年、预算高达5000亿美元的庞大计划。可是,这颗探测卫星是2005年8月份就发射了的,假如这是载人飞行的话,为期半年的长途旅行要耗费大量的食物和水,目前没有任何火箭能够产生足够的推力把这些给养送到遥远的火星上去。怎么解决这个难题呢?有一个办法十分诱人,那就是让宇航员们冬眠。

其实,冬眠这一招很早就被科幻小说家想出来了,不少以星际旅行为主题的电影里都出现过类似的情景。不过宇航界一直没有下大力气去研究,毕竟人类目前的技术手段最多只能把宇航员送到月球这样的近距离目标,犯不上冒那么大的风险。但是按照NASA提出的火星计划,需要一次送6名宇航员去火星,单程就需耗时6个月,先不说食品、氧气和水的供应问题,光是解决这些宇航员因长期封闭所产生的心理问题,就足够NASA忙活的。于是,这个冬眠计划终于被提到议事日程上来了。

其实,早在2004年,欧洲航天局就公布了一项研究成果,提出一种名叫DADLE的类似鸦片的化学物质能够诱发松鼠进入冬眠期。但是这项实验从理论上讲并没有太大的突破,因为松鼠本来就会冬眠,科学家对一些已经失去冬眠能力的哺乳动物更感兴趣。

2005年,美国西雅图一家癌症研究所的科学家马克·罗斯终于做到了这一点。他领导的科研小组成功地诱导大鼠进入了冬眠期,而且所用的诱导剂也是一种哺乳动物自身就能产生的化学物质:硫化氢($H_2S$)。稍微有点生化常识的人都知道,硫化氢是一种有毒气体，普遍存在于下水道和石化工厂的"酸性气田"中。它能够和细胞色素 C 氧化酶结合，而这种对新陈代谢很重要的蛋白质通常都是结合氧气的，于是硫化氢剥夺了细胞利用氧气的能力，这一原理非常类似于一氧化碳中毒（煤气中毒）。

那么，这种毒气怎么会诱导冬眠的呢？事情还得从一种线虫说起。罗斯的研究小组发现，绝对无氧的环境可以诱发线虫进入冬眠状态，再恢复供氧后也不会对线虫造成损伤。但是，微量的氧气（0.01%—0.2%）却会让发育中的线虫试图继续发育的过程，结果则是致命的。这种低氧环境非常类似于人类的缺血状态，因为即使把人放在完全没有氧气的屋子里，人血液中剩余的氧气也将使人体组织无法达到完全无氧的状态。因此，低氧状态下的线虫的死亡和人类在缺氧状态下的死亡是很类似的。

那么，怎样才能使人体组织处于完全缺氧的状态呢？美国匹兹堡大学的科学家曾经做过一个有名的实验，他们先通过诱导的办法让实验狗心脏停搏，然后用低温生理盐水为这些狗施行换血，生理盐水携带氧气的能力比血液低很多，因此狗体内组织中的含氧量被显著地降低了。这些狗丧失了意识，不再有呼吸和心跳。然后科学家再用输血的办法使狗苏醒，这些狗没有一只表现出任何损伤。很显然，完全无氧状态能够诱导像狗这样的高等动物进入冬眠状态。

不过，换血这个办法太过麻烦，危险性也大。有没有更好的办法呢？有，那就是使用氧气的竞争剂。大部分这类竞争剂都是有毒的，因为它们会妨碍细胞利用氧气产生能量的过程。一氧化碳就是这样一种知名度很高的竞争剂，但是它结合血红细胞的能力太过强大，因此罗斯只好尝试使用其他的氧类似物。因为硫化氢属于常见的工业毒气，有关它的资料和数据十分详细，因此它被选中了。

罗斯把大鼠暴露于高达百万分之八十的硫化氢气体中，结果大鼠的体温很快下降，最后稳定在比环境温度高2℃的状态。它们的二氧化碳排放量显著降低，最终可降低10倍，显示它们的新陈代谢速率降到了正常大鼠的1/10。这些大鼠均停止了活动，表现出意识丧失的状态。换句话说，原本不会冬眠的大鼠被硫化氢诱导进入了冬眠。

那么，这种冬眠状态是被动诱导出来的，还是大鼠体内本身就有的一种应急功能呢？罗斯认为是后者。他在论文中指出，地球上的早期生命所处的环境和现在很不一样，那个时候地球上只有硫化氢，生物只能利用硫化氢来产生能量。随着氧气量的增加，生物逐渐进化出了氧代谢，但是仍然保留了硫代谢的机制。事实上，氧代谢和硫代谢从机理上看十分相似，至今人体还会自发产生硫化氢，只不过此时的硫化氢所扮演的角色发生了转变，变成了氧代谢的拮抗剂。当细胞缺氧或者用氧过度时便会自发产生硫化氢，通过和氧气竞争来减缓氧代谢的速率。也就是说硫化氢的这种平衡功能其实是细胞固有程序的一部分。

这个例子再次说明，从进化的角度看问题是一种很有用的思维方式，很多看似奇怪的生命过程都可以从进化中找到答案。

这项实验意义重大，也许在不远的将来，我们将能够读到下面的报道：铃铃铃……闹钟响了。宇航员一觉醒来，火星到了。

# 36

# 爸爸为什么长乳头？

这不是一个无厘头的问题。

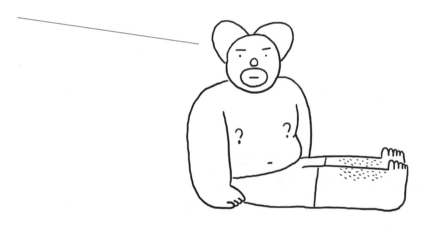

世界上大概只有男人才会严肃地思考这个问题。

小孩子们会说：既然女的都有，男的为什么没有？女人们会说：前胸光着多难看啊？而且，男人们想归想，只有个别喝多了的家伙才会严肃地跑去问医生。现在好了，美国有两个男人写了一本书，回答了这个问题，书名就叫《男人们为什么长乳头？》，副标题是"喝了3杯之后才敢问医生的100个问题"。这些问题全都是无关生死的医学问题，男人们闲得无聊的时候会拿它们来消磨时间。比如，美国流传一种说法：误吞的口香糖要在肚子里待7年才会被消化掉。世界上肯定有不少边嚼口香糖边喝水的人会暗自担心好一阵子，请看这本书的作者是怎么回答的：

为什么总是7这个数字？你打碎一面镜子要倒霉7年，狗的一岁相当于人过7年……那么，假如一条狗先打碎了一面镜子，然后又误吞了一块口香糖呢？看起来像是一道代数题。

读到这里，我居然真的算了算，发现这条狗要被那块口香糖折磨49年，真倒霉。

接下去作者用科学的方法回答了这个问题：虽然口香糖不能被消化，但制造口香糖会用到一种人造糖精——山梨糖醇，而这种东西是可以通便的。所以，你根本不用担心那块被误食的口香糖，明天它就会被冲进下水道了。

这本书回答了100个说大不大、说小也不小的人体生理问题，有很多都曾经困扰过我很长的时间。比如：天冷的时候牙齿为什么会打颤？冷饮喝得过快为什么会头疼？微波炉是否会致癌？打哈欠为什么会传染？酒掺着喝为什么更容易醉？人吃了芦笋为什么撒尿会有怪味？关于最后一个问题，作者是这样回答的：

芦笋含有硫醇，大蒜、洋葱和臭鸡蛋中也都含有这种物质。人体内有一种酶可以把硫醇分解为硫化氢，所以会有臭味。根据一项研究显示，只有46%的英国人体内含有这种酶，法国人则 100% 都有。下面请自己编写一个关于法国人的笑话……

这最后一句话就是本书最重要的特点——幽默。原来，该书的作者之一马克·雷纳是一位职业作家，他从小就喜欢医学，出版的第一本书的名字就叫《我的堂兄，我的肠胃病专家》。雷纳曾经在药店当过售货员，经常有顾客把他当医生，询问各种有趣的医学问题。一次他在为 ABC 电视台的一个有关医院主题的剧本做调研的时候认识了急诊室大夫比利·哥德堡，后者渊博的知识和对待病人的宽厚态度吸引了雷纳，两人成为朋友。这本书的主题就是在两人的一次闲谈中诞生的。

由于雷纳的加盟，这本书的叙述少了枯燥的说教，多了许多冷面滑稽，读者在哈哈大笑之后潜移默化地学到了很多有用的知识。比如，该书告诉读者：被毒蛇咬了之后不要用嘴吸出毒液，那是好莱坞电影的做法，不但没用，而且会引起感染。正确的做法是用肥皂清洗伤口，把被咬的部位固定在心脏的位置以下，然后赶紧去叫医生。再比如，在公共厕所出恭会不会感染疾病？为了准确地回答这个问题，两人专门做了研究，结果发现，一张办公桌上能找到的致病细菌竟然是公共厕所马桶圈的 400 倍！当然了，这是美国的数据，谁来考察一下中国的公共厕所？

这本书非常畅销，曾经名列《今日美国》畅销书榜单的第七名，说明科普作家也可以挣大钱，就看你写什么、怎么写了。

想知道男人为什么长乳头吗？书中给出的答案是这样的：原来，男人女人在发育初期是没有区别的，人类胚胎直到第六周时性别染色体才开始表达,而乳头在第四周的时候就已经成形了。不过,这个解释只是告诉读者男人的乳头是怎么长出来的,没有说明男人究竟为什么会长乳头,因为它们似乎既不符合神创论,也不符合进化论。很难想象上帝这个万能的建筑师会允许这对没用的器官存留世上,而多年的进化居然也没有把它们进化掉,似乎也是个奇迹。

其实,男人的乳头恰恰说明了进化论的正确。按照达尔文的解释,进化是在自然选择的压力下发生的。男人的乳头虽然没用,可也没害,自然选择的压力是不存在的。所以,大自然允许大多数雄性哺乳动物保留了乳头。而且,如果你仔细观察的话,还会在动物身上发现很多类似的无用器官。所以说,进化的原则不是追求完美,而是讲求实效。

# 37

# 人为什么喜欢吃辣椒?

研究表明,辣椒确实有某些实实在在的好处,但这并不能解释人为什么会喜欢吃辣椒。

众所周知,"辣"不属于味觉,而是一种和温度有关的触觉,但这里面的科学道理直到1997年才被加州大学旧金山分校的大卫·朱利叶斯（David Julius）博士弄清楚。他发现辣椒中的主要成分辣椒素能够和人体神经细胞表面的TRPV1受体结合,这个受体本来的功能是感受高温,一旦遇到37°C以上的高温,TRPV1的结构就会发生变化,从而发出警报,让人赶紧躲开高温源,比如把手从热水里拿开。

既然辣椒素模拟的是一种危险信号,为什么还会有那么多人喜欢吃辣椒呢？重庆第三军医大学大坪医院的祝之明教授找到一个可能的解释。他和同事们用含有辣椒素的食物喂养一群天生患有高血压的大鼠,喂养了7个月后,这些大鼠的血压和对照组相比有了明显的下降。

研究人员进一步分析了血压降低的原因,发现辣椒素可以与血管细胞壁上的TRPV1受体结合,这种结合不但增加了TRPV1受体的数量,还会释放一氧化氮,正是这种小分子化学物质降低了血压,并改善了血管的舒张功能。

这篇文章作为封面故事发表在2010年8月4日出版的国际著名学术刊物《细胞代谢》（*Cell Metabolism*）上,引起了媒体广泛关注。有专家认为,辣椒的这一功能很好地解释了为什么我国北方地区的心血管发病率比南方高近一倍。当然,这一差别也很可能与北方人吃饭口味重（放盐多）有一定的关系。

但是,即使这个理论是正确的,也不能解释人为什么喜欢吃辣。高血压基本上算是一种"新病",降血压更是个现代的概念,但辣椒早在 6000 年前就被南美洲原住民栽培成功了。自从哥伦布发现美洲之后,辣椒更是以惊人的速度迅速传遍了世界的每一个角落,以至于很多地方的老百姓都没有意识到它其实是一种外来作物。

在此之前,也有科学家提出过另一种假说。美国华盛顿大学生物学家约书亚·图克斯伯里(Joshua Tewksbury)在南美洲的玻利维亚找到了一种分布很广的野生辣椒,学名是 Capsicum chacoense。这种辣椒的辣度差异很大,有的非常辣,有的却一点辣味也没有。图克斯伯里博士研究了这种辣椒在玻利维亚的分布情况,发现越是湿热的地区辣椒的辣度就越高,而半翅目昆虫越是活跃的地区,辣度同样也越高。图克斯伯里博士认为这两个结果都和真菌有关,半翅目昆虫喜欢吃辣椒,在辣椒表面留下很多孔洞,容易导致真菌感染,而真菌在湿热条件下也更容易繁殖,所以图克斯伯里博士认为辣椒素的作用是为了防止真菌感染辣椒籽,后来的实验也证明辣椒素确实能杀死真菌。

这篇文章发表在 2008 年 8 月 11 日出版的《美国科学院院报》(PNAS)上,图克斯伯里博士的本意是想弄清一个困扰了科学界很多年的问题:既然植物进化出果实是为了让动物们帮它们传播种子,为什么有些果实会进化出苦味和辣味,甚至有毒的化学物质呢?他认为这是为了抵抗微生物感染而进化出来的防御机制,辣椒就是一个很好的例子。

这篇文章还推翻了此前流传很广的一个假说,那个假说认为辣椒素是为了防止哺乳动物吃辣椒,而鼓励更善于传播种子的鸟类去吃，因为鸟类没有TRPV1受体，感觉不到辣，哺乳动物体内则都有这个受体。图克斯伯里博士不认同这个说法，他认为辣椒素的本意是抗真菌，与TRPV1受体的结合纯属偶然。

美国史密森尼国家博物馆的人类学家琳达·佩里（Linda Perry）认同图克斯伯里博士的这个说法，但她也不认为人类喜欢吃辣椒是为了防真菌，因为没有证据表明任何民族用辣椒做过食品防腐剂，而辣椒除了能杀死一部分真菌外，对其他腐败细菌没有任何效果。"我认为人类之所以喜欢吃辣椒，就是因为辣椒味道好。"她说。

显然，这个说法的关键在于"辣"这个和"烫"等价的感觉为什么会成为有些人心目中的"好味道"。对于这个问题，心理学家早就做出过解释。美国宾夕法尼亚大学心理学家保罗·罗岑（Paul Rozin）发现，除了人之外，没有任何一种哺乳动物喜欢吃辣椒，"嗜辣"甚至可以被看作人类和其他灵长类动物的区别之一。通过民意调查和心理实验，罗岑博士得出结论说，人类对辣椒的喜好就和喜欢过山车或者喜欢洗热水澡一样，是一种对极端刺激的特殊癖好。

罗岑博士把研究结果写成一篇论文，发表在1980年出版的《激励和情绪》（*Motivation and Emotion*）杂志上。在罗岑看来，人的感觉分为"身体感觉"和"意识感觉"两种，身体感觉属于本能，但意识感觉则加入了理性的成分。辣椒和过山车这类刺激有个共同特征，那就是身体感到危险而心里明白其实很安全。换句话说，就是身体和理性这两种感觉被隔离开了。在这种情况下人往往会感到愉悦，就像自己真的从险境中逃离了一样。

# 38

## 企鹅是怎么死的?

全球气候变化导致了企鹅的大量死亡,
但气温的升高却不一定是最直接的杀手。

提起全球气候变化对动物的影响,大家一定会首先想到北极熊。BBC广播公司曾经拍过一部纪录片,描述了北极熊捕猎的场面。它们最擅长的方式就是在半透明的冰面上追踪水下的海豹,等海豹从冰窟窿中冒出头来喘口气的时候迅速扑上去擒住猎物。没了浮冰这个绝好的道具，北极熊只能下水硬追，自然追不上更善于游泳的海豹。

其实不光是北极熊，还有好多动物的数量近年来急剧下降。比如，南极帝企鹅的数量比三十年前下降了一半，阿德利企鹅（Adelie Penguin）的数量更是下降了70%之多，这是为什么呢？要知道，企鹅的天敌很少，企鹅的死亡只能从食物上找原因。南极企鹅以磷虾为食，为了调查磷虾种群数量的变化，英国科学家安格斯·阿特金森（Angus Atkinson）博士和他领导的研究小组收集了10个南极捕虾船队在同一海域近百年的捕捞记录。这一海域位于大西洋的西南部，其磷虾产量占整个南半球磷虾总量的60%—70%，非常具有代表性。阿特金森和他的同事把收集到的数据分成两个阶段进行研究，第一阶段是1926年至1939年，这段时间磷虾收获量虽然有增有降，但总体上基本稳定。第二阶段是1976年至2003年，这段时间磷虾数量逐年下降，下降的速率相当于平均每十年降低40个百分点。

这篇论文发表在2004年11月4日出版的《自然》杂志上，阿特金森博士认为，南半球磷虾数量的下降趋势至少已经持续了三十年，不太可能是某种偶然性突发事件造成的。

那么，磷虾为什么减少了呢？这同样要从磷虾的食物中找原因。磷虾以浮游生物为食，大部分浮游生物依靠光合作用获得能量。按照这个理论，如果冰盖发生大面积融化，就会有更多的海水直接暴露在阳光下，浮游生物的数量应该增加才对。众所周知，受全球气候变化的影响，极地冰盖的面积正在逐年缩小，为什么浮游生物的总量却随之减少了呢？

答案还得从浮游生物的营养需求上找原因。

海洋学家早在 100 多年前就注意到一个奇怪的现象，浮游生物并不是遍布所有的海域，而是只在少数几个地区密集生长。其他地方的海水看似营养丰富，阳光充足，却看不到多少浮游生物的影子。上世纪 30 年代，英国生物学家约瑟夫·哈特（Joseph Hart）提出一个假说，认为是铁元素制约了浮游生物的生长。铁是光合作用所必需的一种微量元素，但铁不溶于水，表层海水中含有的铁元素大都来自随风飘来的陆地灰尘，或者由于某种洋流作用把富含铁元素的底层海水翻卷上来。如今这个假说已获大量数据支持，甚至有人提出，可以人为地向海洋中投放铁元素，刺激浮游生物的生长，吸收大气中的二氧化碳。

要想摸清浮游生物在海洋中的分布情况，最好的办法就是通过地球遥感卫星。科学家在研究过程中发现了一个有趣的现象，那就是浮游生物很喜欢在冰盖与海水交界的地方生长，虽然南半球海洋的铁元素含量很低，但沿着冰盖的外延仍能看到一长条浮游生物密集生长区，这是为什么呢？科学家们通过分析海水与浮冰交界处的含铁量，发现了其中的秘密。原来，海冰中聚集了大量陆地灰尘，冰盖的融化会把原本蕴含在冰中的铁元素逐渐释放到海水中，为浮游生物提供了一个取之不尽的"粮仓"。如果没有了冰，这个粮仓也就不存在了，浮游生物便找不到足够的铁元素来维持自身的生长。

阿特金森博士从另一个方面证实了这一点，他发现南极磷虾数量的下降和该地区上一个冬季的浮冰覆盖面积有直接的关系。英国科学家埃里克·沃夫（Eric Wolff）则通过分析冰芯的化学成分，发现地球极地冰盖面积从 1840 年起直至 1950 年都没有明显的变化，1950 年之后则呈现明显的下降趋势。至今南极浮冰的总面积已经下降了 20%，下降曲线和磷虾数量变化曲线非常吻合。

海洋是地球最重要的碳库，发生在浮游生物体内的光合作用占地球光合作用总量的一半以上，因此关于浮游生物的研究一直是环境生态学的热点。就在 2009 年 11 月，美国国家海洋和大气管理局（NOAA）发表了一份研究报告，提出了一个新的假说，认为海洋浮游生物的减少是因为大气二氧化碳浓度的升高导致的海水的酸度增加。

不管真正的原因是什么，浮游生物总量的下降直接导致了以浮游生物为食的磷虾逐渐被一种通体透明的类似水母的生物樽海鞘（Salp）所代替。这种生物对营养的需求较低，能在浮游生物稀少的海水里生长。但是樽海鞘本身的营养价值相当低，无论是企鹅还是鲸或者海豚都不喜欢吃它们。如果海水里充斥着这些生物，而不是磷虾的话，对于海洋动物而言无异于一场灾难。

# 39

# 是什么改变了鸟儿的歌声？

噪声能够改变鸟类的生活习性，
也能够改变人体的生化结构。

斑胸草雀（Zebra Finch）是一种产自澳大利亚的小鸟，这种漂亮的红喙小鸟在野外实行严格的一夫一妻制，一直被当地人看作"忠诚"的典范。可是，美国弗吉尼亚州威廉玛丽学院的动物行为专家约翰·斯瓦德尔（John Swaddle）及其同事通过仔细研究后发现，生活在城市周边的斑胸草雀正在逐渐失去这一"优良传统"。

原来，雄性斑胸草雀都会唱歌，每只雄鸟的歌声都不一样，雌鸟正是通过歌声来辨别不同的雄鸟的。研究显示，住在城市附近的雌鸟往往对原配和第三者一视同仁，来者不拒，而且越是接近噪声源的雌鸟"滥交"的倾向也就越强，这个结果说明城市噪声干扰了雄鸟歌声的传播，于是雌鸟越来越难以辨别其中的细微差异，稀里糊涂地被骗"失身"。

城市噪声不但能够破坏某些鸟类的婚姻，还能改变它们的生活习性。英国谢菲尔德地区的一种知更鸟以前都是只在清晨鸣叫，而现在它们只有在夜里才会开口唱歌。曾经有学者认为是城市灯光改变了知更鸟的习性，但是英国生态学家理查德·富勒（Richard Fuller）经过仔细研究后认为，城市的光污染造成的影响其实非常微小，真正的原因是噪声。自然情况下，清晨是一天里最安静的时光，因为此时的风声干扰往往是最小的，鸟鸣声能够传得很远。可是，来自上班族的汽车噪声打破了清晨的宁静，于是知更鸟们只好被迫改变了生活习性，否则就找不到伴侣了。

擅长歌唱的欧洲夜莺则想出了另一种办法抵抗城市噪声的污染。德国科学家亨里克·布卢姆（Henrik Brumm）研究了柏林地区的一种夜莺的歌声，这种夜莺并不是只在晚上才开唱，布卢姆专门研究了它们在早上5点到10点这段时间的歌声，发现比生活在森林里的同类平均高出14分贝，达到了95分贝。对于人类而言，如此高强度的声音完全失去了美感，近处的人甚至需要戴耳塞才能避免被吵得心烦意乱。

更有趣的是，布卢姆发现这种夜莺每周一至周五的歌声最响，一到周末分贝数就降下来了，这说明夜莺们能够根据居住环境的噪声强度，主动调整自己的歌声。说到变声，夜莺的本领还不算太高，它们只会调整音量，一种荷兰山雀居然能够调整音调。原来，大部分城市噪声都属于低频段，频率大约在1000—3000赫兹之间。荷兰雷顿大学的动物行为学家汉斯·斯莱贝库恩（Hans Slabbekoorn）通过五年的研究后发现，生活在高噪声地区的山雀唱歌的音调要比生活在低噪声地区的同类高，换句话说，两者有了不同的"口音"，而且双方都认为对方的鸣叫不够"性感"，几年下来，荷兰山雀逐渐分化出了"城""乡"两个种群。

鸟类鸣叫习惯的改变是自然选择的结果吗？科学家认为不全是这样。不少鸟类天生就具有一种改变声调的能力，因为大自然本来就是千变万化的。比如，布卢姆就曾指出，不少生活在森林里的鸟类遇到瀑布就会很自然地提高音量，这是它们为了适应森林生活所必须学会的一种手段。

但是，人就没那么幸运了。因为自然环境中的大多数噪声都意味着危险的迫近，所以人类天生对噪声十分敏感，即使在睡眠时人的耳朵都必须保持一定程度的警觉，对异常声响发出警报。长时间的噪声环境会让人产生耳鸣、听力下降、烦躁、睡眠障碍、记忆力下降等症状，严重威胁人类的健康。

更可怕的是，噪声还会使人更容易患上心血管疾病。原来，有相当多的实验证实，噪声会使人产生心理压力，促进人体分泌一系列应激激素，包括可的松、肾上腺素和去甲肾上腺素等。这些激素本身没有问题，但是如果它们在血液中的含量长时间居高不下，就会对心血管系统造成不良影响，甚至引发心脏病。

为了对噪声的危害进行定量分析，世界卫生组织（WHO）于

2003年成立了一个专家小组,在噪声污染比较严重的一些西方发达城市展开调查。2007年8月,该小组公布了一份初步调查结果,结论令人震惊。报告称,欧洲每年死于城市噪声引发的心脏病的人数占到心脏病死亡总数的3%,如果这个数据可以扩大到全球范围的话,这就意味着全世界每年至少有21万人死于噪声污染。

那么,这个结论是如何做出的呢?要知道,噪声污染往往伴随着汽车尾气等其他类型的污染,很难在实际生活中把两者区分开来。WHO的专家们借鉴了当年调查吸烟危害时采用过的统计方法,这个方法建立在一个合理的假设之上:如果噪声确实有害,那么有害的程度应该和噪声的强度成正比。

有了这个假设,科学家便可以调查生活在不同噪声强度(而尾气水平相似)的人群的健康状态,然后通过适当的统计方法推算出噪声的危害程度。统计结果显示,人类的身体根本无法适应工业化造成的环境噪声的变化,噪声污染的危害远比人们预先猜想的更加严重。WHO在2008年推出了一个新的噪声评定标准,为各国政府制定新的噪声控制政策提供可靠的理论基础。

# 40

# 人为什么会打喷嚏?

人所做的一切动作都是有原因的,打喷嚏也不例外,但绝对不是因为有人想你了。

世界上大约有 1/4 的人,如果突然从暗处进入亮的地方,或者突然抬头看太阳,会不由自主地打喷嚏。这是一种遗传病,英文叫作 ACHOO 综合征。这毛病对于原始人来说是有用的,当他们从潮湿阴暗的洞穴里走出来时,打个喷嚏可以迅速清除积攒在呼吸道中的霉菌和各种脏东西,从而更好地呼吸到洞外新鲜的空气。

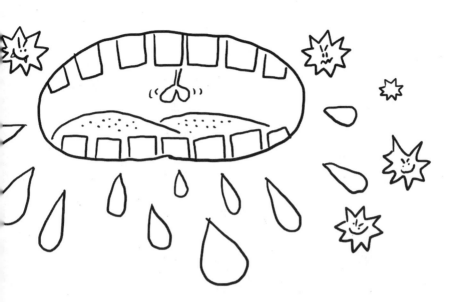

当然,大多数人打喷嚏更可能是因为感冒了。那么,打喷嚏能把感冒病毒清扫出去吗?当然是不可能的。事实上,打喷嚏恰恰是感冒病毒让我们这么做的。原来,感冒病毒会分泌一种化学小分子,诱使宿主打喷嚏。其中的道理不难理解,因为感冒病毒依靠空气传播,为了做到这一点,它必须首先从宿主的体内跑出来。要想达到这个目的,还有比诱使宿主打喷嚏更好的方式吗?

所以说,打喷嚏是我们在一种寄生生物的控制下做出的一种行为,这么做对我们自身没有任何好处,完全是为了帮助寄生生物更好地繁殖。

类似的例子还能举出很多。比如,被狂犬病毒感染的狗为什么会流哈喇子?为什么会疯?因为狂犬病毒攻击狗的吞咽肌群,使之发生麻痹，造成吞咽困难，于是唾液就只能积在嘴中，并流了出来。与此同时，狂犬病毒还会攻击狗的神经系统，使它失去理智，乱咬人。这两种性状对于狂犬病毒的好处是显而易见的，因为唾液中含有大量的狂犬病毒，正好可以通过狗的嘴进行传播。

有一种名叫"肝吸虫"（Liver Fluke）的寄生虫更加巧妙。这是一种寄生在羊肝脏内的寄生虫，它们产下的卵混在羊粪里排出体外后，会暂时处于休眠状态，直到草原上的一种吃羊粪的蜗牛把它们吃下去。然后，它们在蜗牛体内孵化，并混在黏液中被蜗牛排出体外，被蚂蚁吃掉。进入蚂蚁的身体后，肝吸虫会努力钻进蚂蚁的脑子，用一种人类至今仍未搞清的办法，控制了蚂蚁的行为。这种蚂蚁会一改往日小心谨慎的做派，每天都傻乎乎地爬到草叶的最尖端，并呆在那里一动不动，似乎在等待被羊吃掉。如果一天没遇到羊，它们第二天会再来。最后，这只蚂蚁终于被羊吃掉，肝吸虫就是用这种办法进入了下一只羊的身体。

事实上，绝大多数寄生生物（包括细菌和病毒）都会或多或少地控制宿主的行为，达到繁殖自己的目的。这种控制很多都是非常隐蔽的，不容易被识破。比如，得了疟疾的人会感到忽热忽冷、

浑身无力，躺在床上不能动弹，这对疟疾有什么好处呢？原来，疟疾是依靠蚊子传播的，病人越是浑身没劲，就越容易成为蚊子攻击的目标。

再比如，蛲虫（Pinworm）和霍乱弧菌都通过人的排泄物来繁殖，但方法不同。蛲虫通常只在儿童中流行，其雌虫喜欢在夜间爬出儿童的肛门，并在附

近产卵,并使患者肛门部位有瘙痒的感觉。如果儿童忍不住用手抓挠,蛲虫卵便会附着在儿童的手指上,再通过儿童的触摸,散布到环境中,等待被另一名儿童摸到。霍乱弧菌更喜欢依靠水源进行传播,于是它会让患者拉肚子,这样就更容易进入公共水源,从而感染其他人。也就是说,蛲虫造成的肛门瘙痒和霍乱弧菌造成的腹泻既可算是"病情",也可算是"病因"。

治疗某种传染病,最好的办法就是从隔绝传播途径入手。人类曾经用这种方法成功地控制了一种危险的寄生虫,此虫名叫"麦地那龙线虫"(Guinea Worm),它能够在人体内长到一米多长。古代人没有好的治疗办法,只能趁虫子在皮肤的破口处露头的一瞬间,用镊子夹住,缠在一根棍子上,慢慢卷动着往外拉。这一过程往往要持续几个星期,病人痛苦不堪。有些学者甚至认为,古代医学的标志——"医神的蛇杖"(Rod of Asclepius)画的并不是一条蛇,而是"麦地那龙线虫"。

成熟的雌虫体内满载虫卵,它会弄破宿主的皮肤,让出口处产生灼烧的痛感,很多人忍不住,便会把伤口浸在冷水中。雌虫一遇到水,便会立刻喷出大量虫卵。如果这水恰好是一条小河或者一个湖,那么只要其他人饮用了这里的水,就会被感染。当医生们终于明白了"麦地那龙线虫"繁殖的方法后,便开始广为宣传,号召被感染者忍住瘙痒,不把伤口浸入水中。于是,"麦地那龙线虫"的传播途径就被遏制住了。据统计,1986年全世界尚有350万"麦地那龙线虫"的受害者,而现在则不足1万人,而且几乎全部集中在非洲。

# 第 3 部分
# 那些关于健康的事儿

# 41　吃点苦有好处

世间万物皆为毒药，
之所以有些东西不是毒药，
只是因为剂量不够。

理查德·多尔（Richard Doll）爵士是英国历史上很有名的一位流行病学专家，是他最早证明了吸烟会引起肺癌，也是他最早把放射性和白血病联系了起来。为了进一步证明放射性的危害，他还对比过放射科医生和其他科室医生的平均寿命，却意外地发现前者反而比后者活得长些。

上世纪 80 年代，美国约翰·霍普金斯大学的科学家顺着多尔爵士的思路，研究了 2.8 万名在核燃料运输码头工作的搬运工在 9

年间的死亡率,并与 3.25 万名其他码头的搬运工做了比较,结果发现前者的死亡率反而比后者低了 24%!谁都知道高剂量的放射性对人体危害很大,这个令人惊讶的结果只能说明,低剂量的放射性也许对身体健康有某种神秘的好处。

听起来有点不合常理对吗?其实早在 1888 年,德国药剂师雨果·舒尔茨(Hugo Schulz)就找到了一个类似的案例。他发现高浓度的重金属能毒死酵母菌,但微量的重金属反而能促进酵母菌的生长。也就是说,重金属既可以是毒药也可以是良药,两者之间的角色转换只是取决于浓度。

再往前推,16 世纪的瑞士曾经出过一个很有名的江湖郎中,名叫帕拉塞尔苏斯(Paracelsus)。他花了一辈子的时间研究生命的奥秘,推翻了很多前人的医学理论。他尤其喜欢研究毒药,认为世间万物都是有毒的,而很多被认为是毒药的物质在小剂量的情况下很可能对人体有益。后来他把毕生的经验总结成一句振聋发聩的话:"世间万物皆为毒药,没有任何东西不是毒药。之所以有些东西不是毒药,只是因为剂量不够。"

因为他的这个观点,后人把帕拉塞尔苏斯尊称为"毒理学之父"。

这个提法颇有些哲学的意味。但哲学不能治病,要想把这个思路用到医疗上来,还必须有符合科学标准的临床试验做基础才行。

毒理学研究的首要任务就是准确地描述毒品剂量和毒性的关系。传统理论认为，世间所有毒品都遵循两种模式。一种是线性模式，即毒性和毒品剂量呈正相关关系，小剂量有小毒性，大剂量有大毒性，大部分致癌物都被认为符合这种模式，所以致癌物质无论多少都是有毒的。另一种是阈值模式，即毒品剂量小时完全无害，只有超出了某个阈值才会产生危害。这种模式的适用范围更加广泛，比如说，即使是水，超出一定浓度对人体也是有害的。

前文提到的重金属对酵母菌生长的影响则属于另一种全新的模式，后人将其命名为"毒物兴奋效应"（Hormesis）。这个词来自希腊文，意为"刺激"。这个概念是说，某些毒物在低剂量的时候反而有益。如果画一条毒性和毒品剂量的相关性曲线，这条曲线将是典型的"双相曲线"，低浓度时浓度越高越有益，当浓度上升到某一阈值后，浓度越高则越有害。

举例来说，实验证明，高浓度的镉能毒死蜗牛和苍蝇，但低浓度的镉反而能提高它们的生殖能力。高剂量的辐射能杀死任何动植物，但低剂量的辐射却有助于提高植物的生长速度，并能让蟋蟀和小鼠更长寿。

"毒物兴奋效应"理论是毒理学界最具争议性的理论，因为其机理还没有搞清楚。但这并不妨碍一些科学家把这一理论延伸开来，把毒物的概念扩展为一切生存压力，包括饥饿、高温、感染、紧张……所有那些听上去不那么美好的生理刺激。新的理论认为，适当的生存压力对生命是有好处的，生存压力会促使生命体启动应急机制，而这种应急机制具有延迟效应，在生存压力消除后仍能起到某种积极作用。

比如，哺乳动物在细菌感染、重金属中毒或者发烧时会分泌一种"热休克蛋白"，它们能和细胞内的其他功能性蛋白质结合在一起，保护它们不被破坏。警报解除后，残余的"热休克蛋白"仍然能够起到某种保护性作用。再比如，人在进行体力劳动时大脑会分泌某种生长激素，促进神经细胞的生长，这大概就是为什么锻炼身体能够延缓帕金森病的发病速度。体育锻炼还能让人的身体处于轻度的"新陈代谢压力"状态（饥饿同样也会产生这种效果），这种状态能够提高身体对胰岛素的灵敏度，这对减缓糖尿病的症状有好处。

"毒物兴奋效应"甚至能够解释为什么蔬菜和水果是健康食品。以前人们曾经认为蔬菜水果能帮助人体清除有害的自由基，但临床试验一直没能证明这一点。美国马萨诸塞大学公共卫生学院的爱德华·卡拉布莱斯（Edward Calabrese）教授认为，蔬菜和水果中含有很多植物特有的化学成分（Phytochemicals），这些植物小分子本质上就是杀虫剂，是植物经过多年进化产生出来的对付食草动物的生化武器。人吃的蔬菜水果数量有限，摄入的植物毒素不足以对健康产生危害，但低剂量的植物毒素反而能促使人体产生应激反应，这才是蔬菜水果对健康有好处的真正原因。

# 42

# 吃海鲜有讲究

海鲜中的汞含量非常高,不宜多吃。

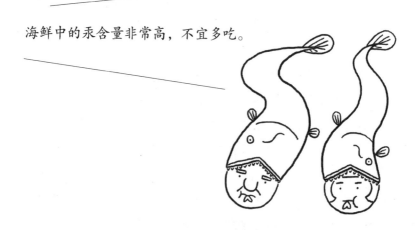

戴维·尤因·邓肯(David Ewing Duncan)是美国著名的健康记者,他经常拿自己做实验,以亲身经历为素材,报道食品中的健康问题。比如他曾经做过一个实验,想看看海鲜对人体血液中的汞含量有何影响。他先是拿一条刚刚从旧金山海湾里钓上来的大比目鱼当午饭,晚饭又吃了一条同样来自这一海域的剑鱼,结果他血液中的汞含量从前一天的 4 微克/升上升至 13 微克/升!要知道,美国环保署（EPA）建议的安全值为5.6微克/升，两顿海鲜饭就让邓肯大大超标了。

汞是臭名昭著的有毒金属，但在半个世纪前人们对汞的危害还一无所知，竟然拿它来制作温度计。1956年日本暴发了著名的水俣病事件，后来被证明就是汞惹的祸。水俣镇靠近日本南部一个名叫"不知火海"的渔场，上世纪初期很多日本化工企业进驻水俣镇，向"不知火海"里排放了大量甲基汞（Methyl mercury）。村民们吃了从这个海里捞上来的海鲜，终于酿成惨祸。

汞在大自然中无处不在，火山喷发和化石燃料（尤其是煤）的燃烧不断把汞释放到大气和土壤中。但通常情况下人们从环境中接触到的无机汞含量非常低，再加上人体对无机汞的吸收能力有限，尚不至于造成危害。目前人类最大的汞污染源就是海鲜，因为海洋中的厌氧菌会把自然界的无机汞变成甲基汞。甲基汞是有机汞，能够和半胱氨酸（Cysteine）牢固地结合，形成所谓的"螯合体"。半胱氨酸是组成蛋白质的20种氨基酸之一，甲基汞因此也就和蛋白质牢固地结合在了一起，很难被排出体外。据估算，甲基汞在海洋生物体内的半衰期平均高达72天，这就为甲基汞的富集提供了条件。含有甲基汞的细菌被海藻吃掉，海藻被小鱼吃掉，小鱼再被大鱼吃掉……也就是说，越是位于食物链顶端的鱼，或者体积越大的鱼，其体内的汞含量也就越高。邓肯那次实验吃掉的大比目鱼和剑鱼都是体积巨大的食肉鱼，它们往往肉味鲜美，正是海鲜爱好者们最喜欢吃的鱼类。

不用说，人类位于这条食物链的最顶端，吃掉的甲基汞也就最多。邓肯的例子生动地告诉我们，两顿海鲜大餐就能把血液中的汞含量提高三倍之多。但是，到底多高的汞含量会对邓肯的健康造成影响呢？这就不好说了。水俣病事件发生后的调查表明，甲基汞造成的危害因人而异，人体对甲基汞毒性的耐受程度在很大程度上是受基因控制的。

如前所述，当甲基汞进入人体后会迅速地和半胱氨酸结合，形成螯合物。这种螯合物和蛋氨酸（Methionine）非常相似，因此得以被人体内的蛋白质运输系统误以为是蛋氨酸，顺利地通过血脑屏障和脐带屏障进入大脑和婴儿体内，危害脑神经和婴儿的正常发育。人体内负责清除重金属污染的主力部队名叫谷胱甘肽（Glutathione），这是由谷氨酸、半胱氨酸和甘氨酸结合而成的三肽，能够从半胱氨酸手里把汞离子抢夺过来，消除它的毒性。不同的人体内的谷胱甘肽含量不同，排毒效果也就很不一样。正常人能够在30-40天内把甲基汞排出体外，但有的人则需要高达190天才能做到这一点。

瑞典隆德大学（Lund University）的分子生物学家凯伦·布隆伯格（Karin Broberg）博士2008年曾经进行过一项基因学调查，她找来365名志愿者，通过对他们排毒能力和基因组差异的对照研究，发现两种分别叫作GCLM和GSTP1的基因能够影响甲基汞的代谢速度。这两种基因能够促进"谷胱甘肽硫转移酶"（Glutathione S-Transferase）的合成，这种酶能够保持谷胱甘肽在血液中的含量，从而影响排毒的效率。

这项研究的目的是想找到一种简便的基因诊断法，以便医生们能够迅速准确地判断出每个人的排毒能力。这是一门新兴的学科，名叫"环境基因组学"（Envirogenomics）。这个领域的研究者需要在生理学、环境科学和基因组学等多个学科之间进行广泛的合作，2008年哈佛大学曾经拨出专款，委任三个研究小组在这一领域开始探索性研究。

"这个领域的研究还处于初级阶段，我们还没有能力对每个人的抗毒能力做出准确的判断。"布隆伯格博士警告说，"像汞这类重金属在人体内的代谢途径非常复杂，必须对更多的基因位点进行统计学研究才能得出相对准确的结论。"

在此之前我们应该如何吃海鲜呢？美国食品和药品管理局（FDA）以及很多专家都建议，尽量吃食物链底层的、体形较小的低龄鱼，它们体内的汞含量相对较低。即使这样也不能多吃，汞毕竟是一种非常危险的重金属，很低的剂量就能造成严重后果。

当然了，人人都去吃小鱼肯定是不现实的。如果你舍不得鱼的营养又不想患上汞中毒，还有一种办法就是吃鱼肝油。最近一家独立研究机构调查分析了41种市面上流行的鱼肝油产品，没有发现任何一种含有汞元素。鱼肝油的制作工艺决定了其中的汞元素含量肯定是非常低的，不必担心。

# 43

# 抖腿是恶习还是疾病?

抖腿不是一种好的生活习惯,但你愿意花钱买药去治它吗?

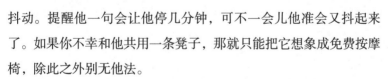

大家在生活中肯定都遇到过爱抖腿的人,他们只要一坐下来,腿就开始不停地上下抖动。提醒他一句会让他停几分钟,可不一会儿他准会又抖起来了。如果你不幸和他共用一条凳子,那就只能把它想象成免费按摩椅,除此之外别无他法。

民间关于抖腿有很多说法,有人认为爱抖腿的人神经质,有人说爱抖腿的人都有手淫习惯,甚至还有不少人认为抖腿相当于做运动,能消耗热量,是个减肥的好方法。持有这种想法的人还会信誓旦旦地向你保证说:爱抖腿的一定是瘦子。其实这些说法都毫无科学根据,你只要注意观察一下就会发现,周围有这毛病的胖子大有人在。

不管怎样,通常大家只会把抖腿当作一个坏习惯而已,没人会想到去医院治疗。但在2003年,欧美各大主流媒体上出现了一批文章,首次向公众介绍了一种名为"抖腿综合征"(Restless Leg Syndrome)的新病,而且欧美人的患病比例高达10%。得这种病的人不但在社交场所显得不礼貌,还会严重影响自己,以及同床同伴的睡眠质量。接着,媒体记者们告诉读者,得此病的人不用害怕,一种名为罗匹尼罗(Ropinirole)的药物可以治好这个病。这种药是由葛兰素史克制药公司(GlaxoSmithKline)研制出来的,其主要成分是一种多巴胺激动剂。此药原本用来治疗帕金森病,这次转型被认为是开发药品第二春的一个成功案例。

2005年,美国食品和药品管理局FDA正式批准了罗匹尼罗用于治疗"抖腿综合征",算是为这轮长达两年的宣传攻势画上了一个圆满的句号。从此罗匹尼罗的销量直线上升,为葛兰素史克赚了大钱。2008年5月该药的专利到期,FDA又批准了一种仿制药上市,继续支持这个市场。

有两位医生看不下去了。美国达特茅斯医学院的史蒂文·沃洛辛(Steven Woloshin)和丽萨·施瓦兹(Lisa Schwartz)于2007年在《公共科学图书馆》(Public Library of Science)杂志上发表了一篇文章,详细分析了这次媒体宣传攻势的前因后果,指责记者们被葛兰素史克公司误导了,写文章不负责任。

两位作者分析了2003—2005年发表在欧美主流媒体上的33篇关于"抖腿综合征"的报道,发现只有一篇文章质疑葛兰素史克公司关于这个病的定义,其余报道都严重夸大了此病的发病率,认定美国有1/10的人得了"抖腿病",但这个数据只是来自一个小规模的普查,调查者往往只问一个问题就为患者定了性,其结果显然不可靠。

按照美国国立卫生研究院(NIH)的说法,要想确诊"抖腿综合征",患者必须满足四个条件,缺一不可:

1. 患者腿部有不适的感觉,必须靠抖腿来缓解。
2. 患者静止不动时这种不适感觉就会加剧。
3. 这种不适感觉在患者运动起来后就会好转。
4. 症状在夜晚比在白天更严重,会影响患者的睡眠。

一项最新的大规模电话普查显示,只有7%的受访者同时满足这四个条件,而只有2.7%的人每周有超过一次的发作严重到影响睡眠质量的程度,只有这些人才适合接受药物治疗。两位作者甚至认为这两个数字仍然偏高,因为电话调查存在一个明显的漏洞,愿意花时间接受这种调查的人恐怕都是已经怀疑自己有症状的人,所以阳性的比例肯定会偏高。

那么,如果确诊得了抖腿综合征,是否一定要接受治疗呢?大部分媒体没有告诉读者的是,接受罗匹尼罗治疗的患者有73%病情出现了好转,但吃安慰剂的病人这个比例也高达57%,不比罗匹尼罗差多少。但是,罗匹尼罗却有很多明显的副作用,包括恶心、头晕、嗜睡和易疲倦等。知道了这些情况后，你还愿意吃药吗？

在那篇文章的最后，两位作者得出结论说，人们在一生中肯定会有这样那样的不适，很多时候这些不适都是暂时性的，不需要治疗。抖腿这个毛病很难准确定义，其机理也没有搞清，这种情况很容易被制药公司利用，通过大规模宣传，把一种不适感包装成一种需要治疗的疾病，以便推销更多的药物。

话虽这么说，但确实有一部分人抖腿的毛病严重到影响睡眠质量的程度。那么，到底严重到什么程度才应该接受治疗呢？

要想准确地回答这个问题，必须首先搞清抖腿的发病机理。可惜医学界关于这个问题的看法远没有达成一致，有人认为贫血会导致抖腿，有人认为肾脏不好才是病因，还有人认为抖腿病人的神经系统出了毛病。但这些似乎都是外因，因为科学家发现，抖腿有着明显的遗传倾向。

2007年，来自德国和冰岛的两组科学家几乎同时宣布找到了抖腿基因。他们利用先进的基因位点分析技术，分析了具有家族遗传史的人的基因型和正常人之间的区别，找到了三个和抖腿有关的基因变异。

进一步分析表明，欧美人当中大约有65%的人至少带有其中的一种基因变异，这说明抖腿和基因的关系并不是一对一的关系，而是需要环境因素的刺激才能表现出来。目前科学家正在加紧研究，争取早日找出真正的原因，让那些确实应该接受治疗的病人得到最有效的治疗。

# 44

# 发烧有理

发烧很可能是人类最常见的一种疾病,但直到最近科学家们才初步揭开了其中的秘密。

人的体温之所以能够保持恒定,是因为人体有一套复杂的体温调控机制。当气温过高时,人会出汗,依靠汗水的挥发来降低体温。当气温过低时,人会打哆嗦,依靠肌肉的运动来产生热量。如果这还不够,那就采取丢车保帅的办法,让血液离开四肢,大量流入内脏,先保证重要的器官能在恒定的温度下工作。

恒定的体温是一种动态的平衡。科学研究发现,人体有个体温控制中心,位于丘脑下部(Hypothalamus)。这个控制中心会不断地发出指令,协调人体的各个组织和器官(比如汗腺和血管),以达到恒定体温的效果。

西医看病,第一件事就是给病人量体温,如果超过38℃,医生会说:你发烧了。不过,严格地说,体温升高并不等于发烧。有一种情况,科学术语叫作"体温过高"(Hyperthermia),指的是人体降温措施失效造成的体温过高。比如,你穿着羽绒服在桑拿房里蒸上半小时,体温肯定会超标。但这是因为汗排不出去造成的,只要脱掉羽绒服出门待一会儿,问题就解决了。

真正的发烧,是指人体有意识地抬高体温。

原来,人的体温是由体温控制中心预先设定的。正常情况下这个数值是37℃左右,即使处于"体温过高"的状态时,这个预设数值仍然是37℃没有变。发烧就不同了,这时"体温控制中心"主动发出了升高体温的指令,为了满足新的预设数值,血液继续不断地离开四肢流向内脏,这就是发烧的人反而会感到寒冷的原因。

既然发烧是人体"自找"的,便有人提出了一个假说,认为发烧很可能是一种正常的生理反应,是有用处的,否则人体为什么会进化出这样一个奇怪的体温控制机制呢?

发烧有理

众所周知，人体在受到病菌侵袭时体温就会升高。于是有人进一步猜测说，发烧很可能增强了病人免疫系统的工作效率。这个假说听上去很有道理，但科学家一直没能搞清其中的细节。

2006年年底，美国罗斯维尔公园癌症研究所（Roswell Park Cancer Institute）的免疫学家雪伦·伊文思（Sharon Evans）在《自然》杂志免疫学分册上发表文章，从分子水平上揭示了体温升高和免疫系统之间的秘密。大家知道，除了血液循环外，人体还有一个淋巴循环，它可被看成是血液循环的助手，含有蛋白质等大分子物质的细胞液先被淋巴系统收集起来，然后再进入静脉，最终流回心脏，完成淋巴循环。为了防止细菌通过这个渠道进入血液，淋巴循环在各处都设立了关卡，俗称淋巴结。一旦遇到病菌袭击，该处的淋巴结便会肿大，阻塞淋巴管，不让细菌通过。之后，免疫细胞从血液中被大量地抽调出来，进入淋巴结，和来犯之敌进行殊死搏斗。可以说，淋巴系统就是人体免疫系统的主战场，这就是为什么免疫细胞又叫淋巴细胞。

科学家早在20世纪70年代就已查明，淋巴细胞的命运从它诞生那天起就注定了。有的淋巴细胞一定会进入淋巴结，有的淋巴细胞则肯定会进入到胃黏膜中的淋巴组织，在那里参加保卫家园的战斗。淋巴细胞到达指定岗位的过程叫作"淋巴细胞归巢"（Lymphocyte Homing），这一过程主要是受淋巴细胞表面受体的控制。这些表面受体就像钥匙，一旦遇到合适的锁就结合在一起。比如，淋巴结附近的微血管表面就分布着很多锁，一旦遇到相应的钥匙——淋巴细胞，两者便死死地结合在一起。

换成科学术语的话，这些微血管叫作"高内皮小静脉"（High

Endothelial Venule，HEV），它们可以被看作淋巴细胞进入淋巴结的"大门"。这些小静脉细胞表面的"锁"叫作CCL21，专门吸引带有特定"钥匙"（受体）的淋巴细胞。两者相遇后，淋巴细胞用"钥匙"打开大门，越过血管壁进入淋巴结，参加发生在那里的战斗。

伊文思的研究小组将实验小鼠放在高温房间内，让它们的体温升高到39℃，模仿发烧时的情景。之后，实验人员把用荧光染色过的淋巴细胞注入小鼠的血液中，并在特殊的显微镜下观察这些淋巴细胞的分布情况。结果，发烧小鼠的"高内皮小静脉"上附着了大量的淋巴细胞，其数量大约是对照小鼠的两倍。

进一步研究表明，发烧小鼠"高内皮小静脉"的细胞表面CCL21受体的密度比正常小鼠有所增加。别小看这一变化，这就意味着血液中流动的淋巴细胞会被更多地吸引到"高内皮小静脉"的表面上来，并通过这座"大门"，进入淋巴结。说到这里，读者也许就能明白发烧为什么有理了。原来，发烧带来的体温升高能动员更多的淋巴细胞进入淋巴循环，参与免疫反应。

这一发现再一次验证了生物界的一条真理：存在的就是合理的。生物进化了这么多年，保存下来的所有习性都应该有其道理。伊文思建议，发烧后不要急着退烧，而是应该根据不同的情况制定相应的策略。当然了，长时间发烧对儿童来说很危险，应该及早退烧才是。

# 45

# 减肥为什么这么难?

因为你的对手是几百万年的进化史,其力量是非常强大的。

减肥难就难在控制食欲,食欲为什么这么难控制?并不完全是因为饿,而是因为食物实在是太好吃了,一盘色香味俱佳的好菜会让一个已经吃饱了的人忍不住再一次拿起筷子。

就拿味觉来说吧，人类的许多饮食习惯，尤其是吃零食的习惯，都是由于美味的诱惑而不是营养需要。味道的产生依赖于舌头上的味蕾，人舌头上分布着大约1万个味蕾，每种味蕾只负责一种味道。中国人喜欢说"五味"，也就是酸甜苦辣咸。可是直到目前为止，科学家并不认为辣属于味道的范畴，而是把它看作一种强烈的刺激而已。近年来，有一种新的味蕾被鉴定出来了，这就是"鲜"，味精就是一种典型的"鲜味"物质。因此，被科学家承认的五味是酸甜苦咸香。

2005年11月，法国科学家又发现了一种新的味蕾，专门用来感受脂肪的味道。其实很早就有人提出舌头上存在脂肪味蕾的假说，但是一直没有确凿的证据。法国勃艮第大学营养学家菲利普·贝斯纳德（Philippe Besnard）和他领导的研究小组成功地培育出一种带有遗传缺陷的老鼠，其编码CD36蛋白质的基因被人为地去掉了。这种蛋白质普遍存在于很多种组织之中，在舌头表面就有大量的CD36蛋白质存在。

贝斯纳德比较了正常老鼠与这种经过基因改造后的老鼠的饮食习惯，他发现没有CD36蛋白质的老鼠对脂肪食品根本不感兴趣，而普通老鼠都是见了脂肪就没命的馋鬼。更为奇妙的是，普通老鼠只要一尝到脂肪的滋味，胃里就会立即开始分泌脂肪消化液，小肠也会立即开始为即将到来的脂肪做好吸收的准备工作。而缺少了CD36蛋白质的老鼠则根本没有这种反应，显示CD36与老鼠的脂肪代谢有着密切的关系。

老鼠的味觉系统和人类的基本相同，因此贝斯纳德推测人类的舌头上也有类似的脂肪味蕾，负责让人类喜欢上含有脂肪的食物,并启动人类的脂肪代谢。脂肪是所有食品中热含量最高的一种,同样重量下,脂肪的热含量大约是淀粉的两倍。因此食用脂肪对于那些总是处于饥饿状态的野生老鼠来说是一种事半功倍的劳动,当然要提倡。可是对于生活在发达国家的人来说,对于脂肪的渴求却带来了显著的副作用。贝斯纳德相信,如果将来科学家搞清了 CD36 的作用机理,就可以生产出抑制 CD36 的药物,或者生产出专门刺激 CD36 的"假脂肪"。那时减肥就会变得容易起来,人们可以天天吃这种美味的"假脂肪",却不会发胖。

这个例子告诉我们,人类的许多生理功能都是在多年艰苦的野外生活中进化而来的,而人类社会进入工业化的时间其实很短,因此这些生理功能暂时无法适应新时代的要求。比如,味觉的产生对于早期茹毛饮血的原始人来说十分重要,酸和咸的感觉与体液平衡很有关系,因此过量的酸和咸都会带来不愉快的感觉。苦味的食物大多数都是有毒的,因此基本上属于一种讨厌的味道。甜则代表了糖分,这是人类获取热量的最主要的来源,一定要鼓励,因此甜味在大多数情况下都是一种好的味道。而鲜味就是蛋白质的味道,当然属于好的味道。人类对甜味和鲜味都是来者不拒,就是因为糖和蛋白质都是生存必需品,一定要多多储存。

还有一个类似的例子就是糖尿病。美洲印第安人群中糖尿病的发病率一直很高,比如一个名叫"皮玛"(Pima)的印第安部落,其成员的糖尿病发病率高达 50% 以上,而且几乎所有的糖尿病人都是胖子。历史资料表明,过去皮玛族人很少得糖尿病,这是一种典型的"现代病"。1962 年,一个名叫詹姆斯·尼尔(James Neel)的遗传学家提出了一种"节俭基因"理论,该理论认为皮玛印第安人过去一直是靠天吃饭，他们经常要面对很长时间吃不到东西的情况。因此他们进化出一种比较极端的代谢方式，储存脂肪的能力特别强。分析研究表明，19世纪时他们的食物中只有15%是脂肪，而目前他们的食物中有高达40%的热量来自脂肪，他们的新陈代谢完全不能适应这种突发的情况，于是就造成了糖尿病的高发病率。

对于世界大多数地方的人类而言，生存条件的变化有一个漫长的过程，因此我们比皮玛人要适应得更好一些。不过，人类仍然需要面对新时代带来的新问题，食物过量就是其中最明显的一个。减肥为什么这么难？因为你是在同自己的本能做斗争。

# 46

# 警惕果糖

就像脂肪有好坏之分一样，
糖也有好坏之分。

　　夏天是水果销售的旺季，不少人干脆以果代粮，以为这样能减肥。可是，大量事实证明，这种减肥法很不靠谱，因为水果比粮食好吃，一不小心就会吃多了。那么，如果严格控制水果的食量，每天消耗多少卡路里就补充多少卡路里的水果，是不是就没问题了呢？答案也是否定的，原因就是水果中的果糖。

　　为了说清这个问题，必须先来复习一下中学化学。我们知道，碳水化合物是人类最重要的能量来源。碳水化合物的基本单位叫作"单糖"，单糖首尾相连形成的长链叫作"多糖"。自然界最常见

的三种单糖分别是葡萄糖、果糖和半乳糖，自然界最常见的多糖则是大家都很熟悉的淀粉，后者水解后可以还原成一个个单独的葡萄糖分子。

我们去超市里买的做菜用的糖是蔗糖。蔗糖不是单糖，而是由一个葡萄糖分子和一个果糖分子结合而成的双糖。

如果从能量角度看，三种单糖都差不多。但是，它们的代谢途径很不一样。其中，葡萄糖最好消化，几乎任何一种细胞都可以直接利用葡萄糖。半乳糖和果糖则都需要一些特殊的酶才能转化成能量。于是，人吃进去的果糖大部分都必须运送至肝脏中才能被消化利用。

这三种单糖的另一个最显著的不同就是甜度。果糖最甜，其甜度是葡萄糖的 2.3 倍、乳糖的 10.8 倍。要想判断某种食品中不同单糖的百分比，依靠甜度就可以猜个八九不离十。就拿水果来说，苹果和梨最甜，其果糖含量比葡萄糖多一倍。葡萄、香蕉和桃子甜度稍差，两种单糖的含量则几乎相等。

古代人摄取果糖的主要来源就是那些有甜味的食品，比如水果、甘蔗、甜菜和蜂蜜等。现代人则多了一种来源：软饮料。事实上，最早的软饮料都是用蔗糖来调味的，但是由于美国政府为蔗糖进口设置了很高的关税，而美国又盛产玉米，所以产自美国的软饮料大都改用一种名为"高果糖玉米糖浆"（High Fructose Corn Syrup，HFCS）的东西来调味。

警惕果糖

顾名思义，这种糖浆来自玉米淀粉的水解产物，但是前文说过，淀粉水解后只产生葡萄糖，不够甜，于是人们用一种酶催化了一下，把一部分葡萄糖变成了果糖。现代软饮料工业普遍采用 HFCS 55 来调味，也就是说，这种糖浆中的果糖含量为 55%，葡萄糖则为 45%。

就像脂肪按照饱和程度的不同分成"好脂肪"和"坏脂肪"一样，单糖也有好坏之分。一直有人怀疑软饮料中的 HFCS 是导致美国人体重增加，以及糖尿病发病率升高的罪魁祸首。比如，美国拉特格斯大学科学家何其傥（Chi-Tang Ho）2007 年发表了一篇论文指出，HFCS 在生产过程中会产生大量羰基化合物，比如臭名昭著的甲基乙二醛（Methylglyoxal）。这种东西能够直接破坏细胞组织，导致糖尿病人病情恶化。

那么，纯粹的果糖是否同样有害呢？由于各种原因，关于这个问题的人体实验做得很少，直到 2008 年才终于有了第一个结果。美国加州大学戴维斯分校的彼得·哈维尔（Peter Havel）教授在这一年 6 月底召开的美国内分泌学会年会上报告说，他们招募了 33 名体重超重的志愿者，将他们分成两组，其中一组人饮食中 25% 的能量来源是果糖，另一组则是葡萄糖。两组志愿者在吃了十个星期这种特殊饮食后平均体重都增加了 1.5 公斤，但果糖组志愿者们增加的体重都集中在了小肚子上，准确地说，他们腹腔内脏周围的脂肪层显著增厚，而这一现象在葡萄糖组则没有出现。

果糖组志愿者的胰岛素敏感度也下降了 20%，葡萄糖组则没有变化。

哈维尔教授没有给出造成这种差别的原因，但是，腹腔脂肪层增厚历来被认为会增加糖尿病和心血管疾病的发病率，胰岛素敏感度的下降也是糖尿病的先兆之一。因此，哈维尔教授建议那些代谢综合征患者，也就是那些有啤酒肚的，以及对胰岛素的敏感度有下降趋势的人尽量少喝软饮料。

有趣的是，这项研究的资助者是百事可乐公司。该公司的一位发言人称，哈维尔教授的实验只是一种理想状态，事实上软饮料中不可能只含有果糖而不含有葡萄糖，即使用蔗糖代替HFCS糖浆，其中也含有一半的果糖。如果较真儿的话，这位发言人的话是没错的。但是，既然果糖有如此多的嫌疑，那么还是尽量少吃它为妙。

有什么办法避免摄入过多的果糖吗？有。少吃甜食就行了。

# 47

## 恼人的时差

出过国的人都知道，
时差要是倒不过来，真是痛苦死了。

时差反应的英文叫作 Jet Lag，意为"因乘坐喷气式飞机造成的延误"。从这个名字可以看出，在喷气式飞机出现之前，人类从不需要倒时差。

人之所以对时差有反应，说明人体内存在两个时钟。一个是太阳钟，以光线的强弱变化为基准。另一个是生物钟，按照人体的内部节律进行调整，和外界刺激无关。正常情况下，这两个钟的节律基本一致，所以人才会日出而作、日落而息。但是，如果人乘坐喷气式飞机向东西方向飞行，在很短的时间里跨越几个时区，这

两个钟就不一致了。于是,原本按照生物钟的指示到了该睡觉的时间,头顶却是艳阳高照,太阳钟命令你起床干活,两种矛盾的信息同时出现在体内,就会导致各个器官不知所措,出现诸如疲倦、焦虑、易怒、头晕甚至便秘等症状。

那么,人体内为什么会有两套时钟呢?这个问题目前尚无明确的答案。有人认为,这是为了让居住在日照时间变化巨大的高纬度地带,或者由于某种原因需要长期呆在洞穴里的人能和大自然的周期保持同步。

事实上,科学家正是用"洞穴法"来研究人体生物钟的。具体来说,就是让志愿者在恒温的封闭房间里住上几星期,不给他任何外部信息,甚至连送食物的时间和屋外的噪声都必须完全随机。科学家用这个方法测出人类的生物钟平均为24小时零11分钟,没人知道为什么会多出这一点。

生物钟是可以按照太阳钟来调整的,但是,由于原始人根本没有必要调整生物钟,没有必要进化出一套很好的调整生物钟的机制,所以现代人在倒时差的时候才会如此难受。

经常出国的人都知道,倒时差的能力因人而异,有的人只需要一天就能倒过来,有的人甚至一个星期都不能完全适应新环境。有趣的是,倒时差的难易不但和时差的大小有关,还和时差的方向有关。同样是长途飞行,飞美国和飞欧洲的结果是很不一样的。大多数旅行者都会同意，向东飞（飞美国）倒时差更难些。

关于这个问题，美国军方曾经在1983年做过一个测验。他们统计了派驻德国的美军士兵倒时差所需要的时间，结果发现，从美国本土向东飞到德国的士兵平均需要8天才能完全适应当地的时间，而从德国向西飞回美国本土的士兵平均只需要3天时间就能把时差倒过来。

不过，聪明人肯定一眼就能看出这个实验存在的问题。对于美国士兵们来说，飞德国是出差，飞美国是回家，两者对他们的心理暗示作用是很不一样的，很可能造成了两者在倒时差方面有如此巨大的差别。于是，美国波士顿的3名科学家决定用更加严格的方法检验一下这个假说是否可靠。他们找出19个美国职棒大联盟球队，按照东西海岸分成两组，统计它们在3年内和对方交手的胜率和得失分率，结果发现，如果一支球队刚刚从西海岸飞到东海岸参加比赛，那么该队平均每场多失1.24分。但是，如果一支球队刚刚从东海岸飞到西海岸参加比赛，则该队的平均失分没有变化。试验者认为，美国的东西海岸在各个方面都非常相似，两者的差别只能用倒时差的效应来解释。

为什么会这样呢？该实验的组织者，美国马萨诸塞大学医学院的威廉·施瓦兹（William Schwartz）教授解释说，因为人体的生物钟通常要比24小时多一点，也就是说，如果让一个人每天晚睡一点，要比让他每天早睡一点更加容易。从旅行的角度讲，向东飞等于强迫旅行者早睡，一般人很难睡着。但向西飞等于强迫旅行者晚睡，很多人在日常生活中都有类似的经验，所以比较容易适应。

时差倒不过来怎么办？有的人会想到用安眠药。但是，市面上出售的很多安眠药都有副作用，服用不慎还会成瘾，因此制药厂正在积极开发更加安全的倒时差药。2007年5月，阿根廷的一个研究小组用仓鼠做实验，发现服用少量西地那芬（伟哥）有助于加快倒时差的速度。研究者认为，西地那芬能够提高仓鼠体内一种名为cGMP的小分子的含量，这种分子被认为可以帮助哺乳动物调整生物钟。

如果说这个实验有点开玩笑的意思的话，美国波士顿一家医院的科研人员在2008年12月出版的《柳叶刀》杂志发表了一篇论文，证明一种名为Tasimelteon的新药可以帮助受试者更好地倒时差，而且没有副作用。但是，这个实验是由研发该药的厂家资助的，还需要有更多的独立机构加以检验才会令人信服。

在此之前，旅行者可以吃什么药呢？很多人不约而同地选择了褪黑素（Melatonin），因为这种药较为安全，无需医生处方。但是，褪黑素的药效一直存在争议，没有定论。2005年，美国麻省理工学院（MIT）的科学家曾经对国际上已经发表的17篇专业论文进行了综合统计研究，结果发现褪黑素确实有效。

褪黑素是一种人体自身就有的催眠激素，无法申请专利，因此没有制药厂会在它身上下功夫。从目前的研究结果看，在没有更合适的选择之前，如果你实在忍受不了倒时差的痛苦，那就在睡觉前服用一点褪黑素吧。

# 48

# 跑步为什么要穿鞋？

光脚的和穿鞋的，到底谁怕谁？

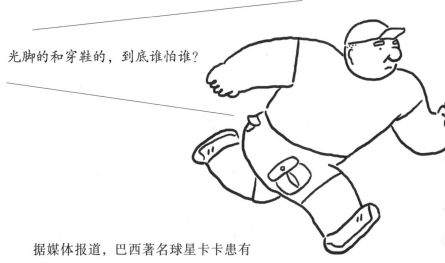

　　据媒体报道，巴西著名球星卡卡患有腹股沟疝，严重影响了他的竞技状态。腹股沟疝指的是腹腔内的脏器离开原来的部位，通过腹股沟的缺损露出腹腔，患者大部分为男性。中医认为"疝气"是体质虚弱或者中气不足导致的气血不畅，但这种理论无法解释腹腔为什么会有缺损，以及缺损为什么大都发生在腹股沟处。现代医学则认为，疝气的成因只有从生物进化的角度去分析才能解释清楚。

原来，地球上所有的陆生动物全都来自远古时期的鱼类，鱼类的生殖腺位于胸腔内靠近心脏的地方，但陆生动物不能这样，因为精子的生产过程必须恒温，所以哺乳动物的睾丸便转移到了体外，依靠阴囊的收缩来调节温度。问题在于，哺乳动物的胚胎发育过程延续了鱼类的模式，生殖腺依然在胸腔内开始发育，然后在生长发育的过程中从胸口一点点向下移动，最终从腹股沟的开口处移出腹腔，掉入阴囊。如此大范围的移动使得男性的腹股沟处成为腹腔的一个最薄弱的环节，稍不留神就会形成腹股沟疝。

不光是疝气，人类的很多看似奇怪的特征都能从进化论中得到很好的解释，比如，静脉曲张是怎么回事？人为什么那么容易发胖？膝盖为什么如此脆弱？人为什么会打嗝？这些问题都能从一本名为《你是怎么来的》（*Your Inner Fish*）的科普书中找到答案。这本畅销书的作者是芝加哥大学古生物学家尼尔·舒宾（Neil Shubin），他试图引导读者从进化的角度看待人体的生理特征。人类之所以在很多地方显得不那么完美，就是因为我们背上了历史的包袱。

远的不说，再拿运动员举个例子。运动离不开跑步，跑步离不开跑鞋，但你有没有想过，人类跑了几百万年，但现代意义上的跑鞋直到20世纪70年代才被制造出来，换句话说，人类在漫长的进化史当中的绝大部分时间里都是光着脚在跑，人的身体是否学会了如何适应跑鞋？事实上，不少人相信跑鞋有害健康，一直在不遗余力地推广赤足跑步。他们举例说，跑鞋的制造技术越来越高超，但因跑步而受伤的人数比例一直降不下来，说明跑鞋本身是有害的。

不过，南非运动生理学博士罗斯·塔克（Ross Tucker）认为这个例子不能说明问题，20世纪70年代跑步健身还没有深入人心，经常跑步的都是本身就热爱运动的人。但现在很多胖子也加入了跑步的队伍，即使他们穿上了高科技的跑鞋，受伤概率也很可能居高不下，这并不能说明跑鞋有害，需要更加严格的科学证据。

可惜的是，科学界对这个问题的研究严重滞后，既没有足够多的证据证明赤足跑步是否真的有益，也没有足够多的证据证明跑鞋是否真的有害。2010年1月28日出版的《自然》杂志刊登了哈佛大学人类学系教授丹尼尔·李伯曼（Daniel Lieberman）撰写的一篇论文，第一次系统地研究了两种跑步方式的真正区别在哪里。原来，跑步者脚掌着地的方式有三种，分别是前脚掌着地、脚后跟着地和全脚掌着地。李伯曼教授研究了生来赤足和生来穿鞋的长跑运动员的跑步方式，发现绝大多数天生习惯赤足跑步的人都是前脚掌着地，而习惯穿鞋跑步的运动员则大都采用脚后跟着地的方式，因为现代跑鞋的后端往往做得很厚，填充了大量弹性材料，这种设计鼓励了脚后跟着地的跑步方式。

李伯曼教授还分析了两种方式对腿骨的冲力，发现前脚掌着地的赤足者甚至比脚后跟着地的穿鞋者更安全，后者对身体的冲击力是前者的3倍。如果脚后跟着地的跑步者再不穿鞋的话，其对身体的冲击力更是前者的6倍之多。

"脚掌着地的一瞬间相当于为前冲的身体踩了急刹车。"李伯曼教授说，"而人类之所以进化出足弓，就是为了延缓着地时的冲击力，因为足弓是天生的弹簧，延缓了刹车的速度，这就相当于把冲击力慢慢卸掉，同时又能借用这股力道，把它转变成向前的冲力。相比之下，脚后跟着地之后的第一个 50 毫秒内人体平均需要承受相当于体重 1.5 倍至 3 倍的冲击力，如果长此以往，跑步者患胫骨疲劳性骨折（Tibial Stress Fracture）和足底筋膜炎（Plantar Fasciitis）的比例都会增加。"

不过，这篇论文发表后，不少人表达了不同的意见。加拿大卡尔加里大学运动生理学教授本诺·尼格（Benno Nigg）认为，人类经过多年的进化获得了很强的适应能力，如果一个人从小就穿鞋跑步，他的小腿肌肉群便会习惯这种姿势，改变收缩的方式，减缓对身体的冲击力。

那么，前脚掌着地的跑步方式是否会提高长跑运动员的成绩呢？起码目前还看不出来。有人曾经研究过 283 名日本马拉松运动员的跑步方式，发现大约 75% 的人脚后跟先着地，只有约 4% 的人前脚掌先着地，而他们也并不是跑得最快的。纵观人类田径史，唯一有点名气的赤足跑步者只有一个左拉·巴德而已，其余的都是穿着现代跑鞋登上了冠军领奖台。

看来，进化带来的历史包袱并不一定都是甩不掉的。比如卡卡，虽然得了腹股沟疝，但经过治疗后仍然是国际足坛一流高手。

# 49

## 人为什么要睡觉?

如果不睡觉照样精神的话,
大部分人都会选择醒着。

对于很多上班族来说,周末是用来补觉的。

美国宾夕法尼亚大学有个"睡眠研究中心"曾经专门研究过补觉问题,科学家们找到一批志愿者,每天只允许他们睡4个小时，然后研究这些人周末需要补觉多少小时才能完全恢复正常。结果他们意外地发现有大约 15%—20% 的志愿者完全不需要补觉，有的人甚至在 40 小时不睡觉的情况下也只需要睡上 8 小时就能彻底缓过来。

人类中还有小部分人完全相反，随时随地都能睡着。显然这是一个非常危险的症状，医学上叫作"嗜睡症"（Narcolepsy）。以前这类病人只能通过服用安非他明等兴奋剂来暂时缓解病情，后来美国军方受此启发，曾经在美军中试验过安非他明的解乏效果，结果发现服用安非他明的士兵虽然不再感到困倦，但却经常兴奋过头，行为失去控制。2002 年伊拉克战争时，美国空军曾经误杀了 4 名加拿大士兵，调查显示那就是安非他明惹的祸。

"嗜睡症"是个非常热门的研究领域，因为科学家试图利用这种病，找出让普通人减少睡眠时间的秘诀。想象一下，一旦有人发明出一种让人少睡觉的"清醒药"，那该有多大的市场啊！

但是，进行这类研究之前首先必须回答一个终极问题：人为什么要睡觉？

如果说睡眠是一项人体必需的生理过程，那么任何试图减少睡眠的研究都很难获得成功。但是，越来越多的实验证明睡眠不是必需的。比如，曾经有人认为睡眠是免疫系统必须要有的一段休整时间，否则就无法正常工作。为此科学家曾经进行过一次小范围的人口普查，按照睡眠时间的长短把人分为两组，结果发现睡眠时间短的那组人患病的概率比另一组要高，而且平均体重也更大。可是，后来有人重新研究了这个实验，发现睡眠时间少的人更喜欢光顾快餐店。于是，两者之间的区别很可能要"归功"于垃圾食品，而不是睡眠时间的差别。

这件事说明了一个道理：任何有关人类生活习惯和健康之间关系的研究都必须格外小心才是。

当人类知道了如何测量脑电波之后，情况发生了变化。科学家们按照脑电波的不同把睡眠分成两大阶段。一个叫作"快速眼动"（REM）阶段，此时人的眼睛会快速转动，脑电波异常兴奋。另一个则简单地叫作"非快速眼动"（NREM）阶段，其中包括一段关键的"慢波睡眠"期，此时人的脑电波的频率和强度都降至最低点，所以又叫作深度睡眠。人在深度睡眠时被叫醒会感到格外难受，因为此时人的脑干也处于休眠状态。要知道，脑干控制着人的呼吸和心跳等基本生理功能，如果此时被叫醒，脑干来不及兴奋，人肯定好受不了。

搞清了睡眠的不同阶段后，关于睡眠的那个终极问题又被分解成两个小问题：两种睡眠状态各有什么用处？

目前科学家研究得最多的是REM睡眠。现有理论认为，REM对巩固记忆力至关重要，这一阶段的大脑有充足的时间处理清醒时获得的大量信息。可是，英国达勒姆（Durham）大学的睡眠专家伊莎贝拉·卡佩里尼（Isabella Capellini）不同意这个说法，她举了一个反例：抗抑郁药百忧解（Prozac）能够减少服用者REM睡眠的比例，很多服用百忧解的人甚至可以在长达数年的时间里完全没有REM，可这些人的记忆力并没有受到影响。

卡佩里尼认为，要想回答人为什么要睡觉的问题，必须研究其他哺乳动物的睡眠习惯，从中寻找答案。所幸近几年来科学家积累了大量相关数据，为进行这类系统性研究提供了可能性。卡佩里尼通过检索相关文献，收集了 115 种哺乳动物的研究结果。她发现，动物的睡眠模式和种群的遗传相关性有很大的关系，也就是说，亲缘关系越近的动物，其睡眠模式就越接近。

卡佩里尼还发现，新陈代谢水平越高的动物睡眠时间越少。这个发现颠覆了曾经流行一时的自由基理论，该理论认为睡眠能够帮助清除动物体内的自由基，减少自由基对组织的破坏。可是，代谢水平越高的动物产生的自由基就越多，理应更能睡才对。

对此结果，卡佩里尼提出了一个有趣的假说。她认为新陈代谢速率越高的动物需要的食物也就越多，这就意味着该动物必须花费更多时间觅食，而不是睡觉。

事实上，大量数据证明，动物的睡眠习惯和该动物的身高体重没有关系，却和它的生活习性更加一致。比如，狮子大部分时间都在睡觉，而同样重量的野牛却每天只睡四五个小时。蝙蝠是个出名的瞌睡虫，一天要睡 20 个小时，而大部分候鸟却几乎不睡觉。生活在水中的大部分哺乳动物都不需要睡觉，尤其不需要 REM。比如海豚的左右脑可以交替进入慢波睡眠状态，没有 REM。一种毛皮海豹（Fur Seal）出海捕鱼时采用海豚式的左右脑交替睡眠模式，可它们一旦上岸，就会迅速恢复成陆上动物典型的 REM 睡眠方式，而且并不需要像陆上动物那样补充失去的 REM。也就是说，它们完全不需要补觉。

针对这些有趣的事实，美国加州大学洛杉矶分校的睡眠专家杰里·西格尔（Jerry Siegel）提出了一个崭新的理论。他认为，睡眠并不是人们想象的那样，有着某种不可代替的生理功能。睡眠只是动物节省能量的一种方式。在相同的条件下，睡眠时间越长的动物反而越安全，因为它们可以选择一个隐蔽的地方休息，减少了被天敌发现的机会，以及因乱动而造成的意外伤害。生活在海里的动物没有这个优势，因此它们普遍不睡觉。

西格尔的这个理论很容易解释某些动物之间睡眠模式的差别。比如，狮子一旦捕食成功，就可以获得大量高热量的食物，因此它们完全不需要再去浪费体力，选择睡觉才是最经济的方式。相比之下，野牛需要吃进大量低热量的草，因此它们必须不停地进食。迁徙时的鸟当然要一刻不停地飞才能尽快到达目的地，而蝙蝠最爱吃的食物——蚊子只在每天黄昏的时候才集体出来交配，只要抓紧这段时间吃个饱，蝙蝠就可以安心去睡觉了。

西格尔承认他的这个理论还有很多需要解释的地方，尤其对于深度睡眠还有很多谜没有完全解开。但是，一旦他的理论被证明是正确的，必将为"清醒药"的研究打开一扇大门。

# 50

## 人字拖应该怎么穿?

今年夏天流行穿什么鞋?
答案几乎永远是人字拖。

虽说人字拖可称得上是"世界上最简单的鞋",但里面的学问可真不少呢。

先从历史学说起吧。西方人认为人字拖起源于新西兰,这并不完全正确。上世纪 40 年代末期,一个名叫约翰·考威（John Cowie）的英国人在香港开了家工厂,为当地人生产塑料人字拖。1957 年,一位名叫莫里斯·约克（Morris Yock）的新西兰商人把考威生产的塑料人字拖进口到新西兰,并申请了专利。很快,这种廉价而又方便的拖鞋在热爱冲浪的新西兰人当中流行开来,并从这里传遍了整个西方世界。

约克沿用了考威的叫法,把这种人字拖叫作 Jandal,就是把英文 Sandal（凉鞋）前面的字母 S 换成了 J,代表这是一种来自日本（Japan）的样式。事实上,早在"二战"时,盟军士兵就发现日本兵用报废的轮胎做成的人字拖非常适合热带气候,便开始效仿。这一切都说明,人字拖的设计灵感最早肯定来自日本,确切地说,来自日本的草履。日本草履用软木、塑料、皮革或者草梗制成,穿和服时一般都配以草履,比木屐更正式一些。

日本人进屋都要脱鞋,草履的优点不言而喻。在西方,早期的人字拖只在海边的居民当中流行,道理也是如此。海边象征着什么?无非是休闲、浪漫、随意……还有富裕。只有有钱人才会买得起海边的房子,然后整天无所事事地穿着人字拖漫步沙滩,不是吗?但是,情况逐渐发生了变化。在如今的西方国家,一到夏天,年轻人几乎人"脚"一双人字拖,不少人穿着它上学,甚至上班,孩子们也喜欢穿着它在草地上打闹玩乐。2005 年,美国西北大学女子曲棍球队的几名队员甚至穿着它去白宫和布什总统会面,这事在当年还曾引起过不小的争议。

穿过人字拖的人都知道，这种鞋走不快，更不适合跑步，为什么还有那么多人穿它？这就是心理学研究的课题啦。答案是显而易见的：人字拖代表了新兴富裕阶层的价值取向，他们不再依靠名贵首饰来宣扬自己的富有，而是更喜欢炫耀自己常去海边度假。于是，"西装+皮鞋"逐渐被"沙滩裤+人字拖"取代，成了年轻人的时髦打扮。

时尚永远是舒适和健康的死地，这一点只要问问那些穿高跟鞋的女士就行了。人字拖看似舒适，其实并不健康。人字拖让脚指头失去了保护，很容易发生磕碰。人字拖没有鞋帮，容易崴脚。更要命的是，越是时髦的人字拖鞋底越薄，容易伤到下肢的关节和肌腱。

"我们发现有越来越多的学生过完暑假回到学校后抱怨小腿疼，"美国奥本大学（Auburn University）运动生理学教授温迪·魏玛（Wendi Weimar）说，"我们怀疑这是人字拖在作怪，就设计了一项实验，研究了人字拖对走路方式的影响。"

这还用研究？自己穿上人字拖试试不就得了？不行。这是科学，必须有大量的实验数据才能说明问题。魏玛教授和她的研究生们招募了39名志愿者，让他们分别穿上普通球鞋和人字拖，在一块特制的测量板上行走，测量足底触地时的力度。研究者们同时用摄像机记录志愿者的步伐和步态，并加以比较。结果发现，人字拖会让人的步幅变小。与此同时，人的脚趾为了勾住人字拖，必须始终绷着，这样就增大了脚趾和脚面之间的夹角，其结果就是原本由脚跟承受的压力不得不向前移。如果经常用这种方式走路，就会造成小腿肌肉酸痛，严重的甚至会诱发足底筋膜炎。

这项研究的结果在2008年6月初举行的美国运动医学年会上一经公布，立刻受到西方媒体的广泛关注。虽然医生们不约而同地指出，这项结果并不是要大家扔掉人字拖，而是尽量避免穿人字拖走长路。但是，许多人字拖爱好者不以为然地评论说："老祖宗连鞋都不穿，不也都活得好好的?!"对此说法，加拿大巴塔鞋博物馆（The Bata Shoe Museum）馆长伊丽莎白·塞莫哈克（Elizabeth Semmelhack）女士认为，祖先们从小就打赤脚，所以他们的脚锻炼得比现代人更结实。可现代人从小就习惯了穿鞋，脚部缺乏锻炼，如果突然赤脚，或者穿不舒适的鞋子走路，就会不适应。

"人类很可能早在4万年前就发明了鞋，"塞莫哈克女士补充说，"因为考古证据表明，人类的脚趾骨从4万年前就开始变弱了。"

你看，要想真正理解穿鞋的必要性，学点进化论也是有用处的。

英国《每日电讯报》为这种说法提供了另一个论据。该报曾发表文章称，人字拖使英国患肢端黑色素瘤（Acral Melanoma）的比率大大增加。这种发生在脚部的恶性肿瘤死亡率非常高，而过度的日晒是这种病的主因。英国天气冷，英国人平时没有穿拖鞋的习惯。可一到夏天，或者度假的时候，很多人都脱了袜子穿上人字拖，把捂了大半年的白脚暴露在强烈的日光下，结果就很不美妙了。

这就是物极必反的道理。

看来，要想知"足"常乐，还得学点辩证法。

# 51

## 衰老是一种病

衰老确实可以增加一些疾病的发病率，
但衰老本身就是一种病，
有其独特的生理基础。既然是病，那就可以治，
这就是衰老研究领域异常火爆的原因。

如果不比智力，单纯从身体能力的角度考量，人类在很多方面都不如动物，但有一点人类比动物强很多，那就是寿命。人类的寿命位居灵长类之首，如今很多国家国民的平均寿命都已经超过了70岁，动物界只有鹦鹉和乌龟等少数几个物种活得比人长。

生物学家过去一直认为，人类的衰老过程比其他灵长类开始得晚，衰老速度也缓慢得多。但这个想法只是一种猜测，并没有进行过严格的科学检验。美国杜克大学的生物学家苏珊·埃尔伯茨（Susan Alberts）决定研究一下这个问题。她和同事们收集了全世界7个不同亚种的2800多只野生猴子和猩猩的寿命数据，并和人类做对比。结果显示，人类的衰老速度和模式其实和那些灵长类动物没有太大的区别，而所有灵长类动物的寿命都只和它们所处的环境有关，与它们在进化树上的位置没有关系。

另外一个相似之处是，几乎所有的灵长类动物都是雌性比雄性寿命长，只有巴西蛛猴（Muriqui）是个例外。雄性蛛猴是所有这7种灵长类动物当中唯一不需要为了争夺交配权而大打出手的，埃尔伯茨认为这就使得雄性蛛猴不必承受交配压力，并因此而减寿。

这篇文章发表在2011年3月11日出版的《科学》杂志上。关于衰老的研究近年来呈现井喷之势，出现了许许多多看上去很奇怪的衰老机理假说。造成这种局面的主要原因在于，过去的研究者大都认为衰老是一种无法避免的生理过程，无药可治。而衰老造成的结果只是提高了疾病的发病率，所以只要把研究重点放在具体的疾病上就可以了。但是越来越多的证据表明，事情不是这样。衰老有其独特而又具体的生理基础，可以将其看成是一种病，因此是可以治疗的，这样一来，关于衰老机理的研究立刻就有了很明显的商业价值，获得了大量资助。

这方面的一个突出案例就是老年痴呆症。过去曾经认为，老年人出现记忆力下降等心智问题的原因就在于阿尔茨海默病等疾病，只是病情有轻重而已。但是随着技术手段的进步，尤其是当科学家发明了测量神经触突连接强度的装置后，终于发现很多得了老年痴呆症的人并没有患上阿尔茨海默病，只是随着年龄的增长，其神经系统的某些部位发生了变化，这才导致了后续一系列问题。换句话说，衰老是一种独特的神经生理过程，和阿尔茨海默病完全不同。如果搞清了这一过程背后的机理，就有可能找出对付它的办法。

美国著名的梅奥诊所（Mayo Clinic）的科学家伊安·范德森（Jan van Deursen）教授及其研究小组在2011年11月2日出版的《自然》杂志上刊登了一篇文章，提出"衰老细胞"（Senescent Cells）就是导致衰老的罪魁祸首。

这个发现听上去有点奇怪，必须详细解释一下。所谓"衰老细胞"指的是一类失去了分裂能力但却没有死的细胞。几乎所有的组织内都会出现这样的变异细胞，但在正常情况下它们都会被实施"安乐死"，即通过一种名为"细胞自杀"（Apoptosis）的程序自动分解，化为其他健康细胞的养料。但随着年龄的增长，总会有个把细胞由于各种原因没有自杀，而是继续进行新陈代谢，甚至参与组织的各项功能，它们就是"衰老细胞"。

科学家们很早就知道衰老细胞的存在，并发明出了专门的染色法，可以在显微镜下分辨出它们的身影。但是它们到底有何危害？这个问题因为缺乏相应的实验手段而一直没有解答。范德森教授的研究小组通过基因工程的方法制造出了一种小鼠，其体内产生的衰老细胞能够在科学家的一声令下而立即全体自杀。

这件事听上去很神奇，原理并不复杂。衰老细胞有个共有的特征，其内部有一种名为p16-Ink4a的基因会被启动。范德森教授制造了一种小鼠，每当该基因被启动后，就会立即同时启动细胞自杀程序，将该细胞杀死。值得一提的是，这种自杀程序的启动还必须加入某种药物才能做到，这就等于为实验找到了一种安全有效的对照组。

研究结果显示，凡是吃了这种药物（因此杀死了所有的衰老细胞）的小鼠，其体内的衰老过程被大大延缓了，这些小鼠不再患有白内障，伴随着老龄化而出现的肌肉萎缩现象也得到了很大的缓解。更有趣的是，这些小鼠的皮下脂肪层也不会因为上了年纪而变薄，这就减少了皱纹，使得它们看起来更加年轻了。

如果这项研究能够被重复出来，并在人身上取得成功的话，必将从根本上改变衰老领域的格局，无论是从研究的角度还是商业的角度来看都是一个值得高度重视的成果。

# 52

## 太干净了也不好

生活环境越干净，就越容易过敏。

每年春天，北京都会出现"春城无处不飞花"的风景。可是，漫天飘舞的飞絮对于某些人来说却意味着一年一度的过敏性鼻炎又要犯了。他们会整天打喷嚏、鼻塞、头晕，苦不堪言。

根据卫生部门统计，目前我国大城市居民过敏性鼻炎的发病率已经上升到了10%左右，其他类似的过敏性疾病，包括枯草热、湿疹、哮喘和食品过敏等的发病率也逐年上升，正在向发达国家的水平逼近。西方国家工业化之前，过敏性疾病同样也是十分罕见的。可如今在英国、澳大利亚和新西兰等国，哮喘的发病率已经上升到了20%，成为医疗系统的一大负担。

过敏是一种免疫系统的疾病，病人会对花粉、空气尘埃，以及动物毛发等无害物质产生强烈的免疫反应。这些无害物质（抗原）随处可见，因此病人的免疫反应就会持续很久，免疫系统永远处于亢奋状态，导致一系列不适症状。

为了解释工业化国家过敏性疾病发病率的持续上升，一位名叫戴维·斯特拉汗（David Strachan）的英国医生于1989年写了一篇论文，用严格的统计数据作为论据，提出了"卫生假说"（Hygiene Hypothesis）。斯特拉汗统计了枯草热和湿疹的发病率，发现兄弟姐妹越多的人，得这两种病的概率就越低。他认为对这一现象的最好解释是：来自大家庭的孩子因为从小和兄弟姐妹接触多，交叉感染的机会也多，他们的免疫系统经受了锻炼，学会了识别真正的敌人。

这个假说听上去很有道理，而且也确实得到了越来越多的证据支持。不过，"卫生"这个词太过简单化，免疫系统经受的锻炼和卫生条件并没有直接的关系。如果你相信这个理论而不讲卫生，肯定是错误的。发展中国家的婴幼儿死亡率之所以远比发达国家高，就是因为前者的卫生条件不好，婴幼儿患传染病的概率高于后者。

凡事都必须有个度。要想让自己健康成长，又不会过敏，首先必须搞清楚人类的免疫系统究竟是如何发育成熟的。原来，新生儿刚出生时体内的免疫球蛋白全部来自母亲，直到孩子长到一两岁时自身的免疫系统才会逐渐发育成熟，独当一面。成熟的免疫系统针对不同的入侵者会启动不同的反应机制，一种名为辅助性T细胞（T Helper Cell）的淋巴细胞扮演了扳道工的角色。目前已经发现了两组不同的辅助性T细胞，分别叫作Th1和Th2，能够启动两类不同的免疫反应。Th1负责激活巨噬细胞（对付病菌），促进干扰素的分泌（对付病毒）。Th2负责刺激免疫系统大量生成免疫球蛋白E（IgE），这是介导过敏反应的抗体，因此Th2与过敏反应有很大的关系。

这两个系统就好像是免疫系统的阴阳两面，大多数情况下它们互相牵制，此消彼长。新生儿体内含有大量来自母亲的IgE，所以说孩子的免疫系统偏向于Th2。婴儿出生后不久，外来细菌和寄生虫便开始在孩子的肠道内聚集。它们的存在刺激了新生儿的免疫系统，使之向Th1的方向倾斜，直到孩子大约两岁的时候两个系统达到某种平衡为止。原始社会卫生条件不好，孩子在很小的时候就会接触到很多脏东西，他们的免疫系统必须学会适应这种变化。换句话说，孩子的免疫系统一直"期待"着来自肠道寄生生物的刺激。但是，随着卫生条件的改善，这种刺激被大大削弱了，尤其是某些家长在孩子还很小的时候就滥用抗生素，不分青红皂白地杀死了大量肠道细菌，使得孩子们的免疫系统更加缺乏锻炼。于是，这些孩子长大后他们的免疫系统便会偏向Th2，这就是人们常说的"过敏体质"。

上述这些研究成果大都来自实验小鼠，但它们都生活在干净的饲养室里，与野生小鼠有着天壤之别。英国诺丁汉大学的科学家简·布拉德利（Jan Bradley）决定研究一下野生小鼠，她从诺丁汉周边的森林里抓来100只野鼠，分析了它们体内寄生虫的种类和含量与免疫系统之间的关系，果然发现这些野生小鼠肠道内的一种寄生线虫（*Heligmosomoides polygrus*）和它们的过敏潜质呈负相关关系。也就是说，虫子越多，过敏潜质越低。

布拉德利又分析了其他种类的肠道寄生虫，以及螨虫、蜱虫、跳蚤和虱子等皮肤寄生虫，结果意外地发现一种虱子（*Polyplax serrata*）与野鼠过敏潜质的关系甚至比线虫还要大。而且，除了上述这两种寄生虫之外，其余的寄生生物则和过敏潜质没什么关系。

布拉德利的这项实验结果发表在2009年4月22日出版的BMC生物学杂志上，这个实验再次证明卫生假说是有道理的。现在的孩子恐怕很少有长虱子的了，可在古代，虱子是人类最常见的一种寄生虫，孩子们从小就要和它们打交道，免疫系统早已适应了它们的存在。

不过，这个实验更重要的意义在于，起码对于野生小鼠来说，并不是每一种寄生虫都能促进免疫系统的发育成熟。也许将来人类能够搞清这种促进作用的机理，从而安全地模拟这种刺激，达到同样的效果。

# 53

# 为乳酸正名

高强度运动后肌肉为什么会酸痛?
是因为乳酸吗?

大部分体育老师和运动手册都会建议你在剧烈运动后不要马上停下来，而是继续慢跑5—10分钟。健身房里的跑步机在执行完一段程序后甚至不会马上停止，而是逐渐放慢速度，强制你继续慢跑一段时间。多数人对此没有异议，这似乎是个符合自然规律的做法。如果硬要刨根问底，体育老师和健身教练们会说，恢复性慢跑是为了更快地排出体内的乳酸，减缓肌肉酸痛，防止受伤。

这个说法对不对呢？这就必须先从三磷酸腺苷（ATP）说起。

我们知道，葡萄糖不能直接为细胞提供能量，必须先在线粒体内转化为ATP。任何细胞都可以直接使用ATP，它很像是现实世界里的货币，谁都可以拿来用。正常情况下，肌肉细胞供氧充分，葡萄糖被氧化成二氧化碳和水，同时产生大量ATP。这就好比你上班工作挣工资，名正言顺，皆大欢喜。

剧烈运动时，氧气供应不足，葡萄糖无法被充分氧化，只能采取无氧代谢的方式，才能继续生产ATP。同样的葡萄糖，无氧代谢产生的ATP数量较少，终产物也不是二氧化碳和水，而是乳酸。这就好比你家里有急事，便把值钱的东西拿去典当。典当肯定会吃亏，谁叫你急需用钱呢？所以无氧代谢肯定是不好的，这难道不对吗？乳酸的名字里有个"酸"字，而你剧烈运动后肌肉也会感到酸痛，如果这时测量血液中的乳酸含量，肯定比安静时高出好多。于是，乳酸就是造成你肌肉酸痛的罪魁祸首，这也很好理解吧？

以上就是体育界流行了几十年的说法，直到今天都还有很多信徒。但新的研究表明，这个解释从因到果都错了。乳酸是个好东西，肌肉酸痛也和乳酸无关。

首先要澄清一个观点，上文中的乳酸（Lactic Acid）用错了，无氧代谢产生的终产物准确地说应该是乳酸盐（Lactate），没有酸性。这两种化学物质在体液中可以互相转化，很难区分，以至于体能教练们在测量运动员的血液乳酸盐水平时都用乳酸代替。由于受到错误理论的误导，体育界曾经一度流行监测运动员的乳酸含量，并把这个指标当作检验训练量是否达到极限的标志。可是新的研究表明，运动员肌肉的酸碱度和乳酸没有直接关系，真正起作用的其实是 ATP 的酸性代谢产物。高强度运动时 ATP 的代谢速度肯定升高，于是肌肉便会感到酸痛了。

这种代谢产物就好比是发票，无论你花的钱来自工资还是典当款，发票是不会变的。

那么，乳酸究竟是否会对肌肉造成伤害呢？加州大学伯克利分校的乔治·布鲁克斯（George Brooks）教授是最早研究这个问题的科学家之一。他把同位素标记过的乳酸注射进小鼠的肌肉细胞中，发现它很快就被分解了，其速度比任何一种能量分子都快。此后进行的一系列研究表明，乳酸其实是一种正常的能量分子，肌肉细胞内的线粒体可以随时吸收乳酸，把它变为 ATP。多余的乳酸还可以经由肝脏重新转变为葡萄糖，再次进入血液循环。

"肌肉中的乳酸最多只需一个小时就会被排空，"布鲁克斯教授说，"而人在运动完后的肌肉酸痛往往会持续好几天，这显然说明乳酸不是肌肉酸痛的原因。"

运动生理学界曾经对这个理论嗤之以鼻，因为它看上去太不符合常识了。但是近年来一系列新的研究提供了越来越多的证据，运动生理学界这才转变态度，为乳酸正了名。

再拿典当业做个例子。我们曾经非常瞧不起典当业，认为这是资本主义的毒瘤，必须取缔。但是在一个自由的社会里，谁也没法保证自己不会遇到紧急情况。典当业恰恰是正常社会自发进化出来的一项应急机制，是一件很自然的事情。

那么，剧烈运动后是否还要继续慢跑一段时间呢？这个问题并不那么容易回答。目前能够肯定的是，剧烈运动时血液会大量流向四肢，这就增加了心脏的负担。肌肉的收缩可以帮助血液重新流回心脏，有助于减轻心脏负担。如果此时突然完全停止活动，肌肉不再收缩，就等于把血液循环的重担全都压到了心脏上，容易造成内脏和大脑供血不足，产生晕眩的感觉，严重时还会突发心脏病。

关于这个问题的另一个很有名的例子就是飞机坐久了必须站起来活动活动，目的就是让肌肉的收缩帮助血液循环，助心脏一臂之力。

除此之外呢？运动生理学界认为，没有任何理由需要继续慢跑。事实上，美国康涅狄格医学院的保罗·汤普森（Paul Thompson）教授认为，除非是专业运动员进行超大运动量的运动，否则不需要进行这种恢复性慢跑："其实一般人在运动完后大都不会立刻躺倒，而是去洗澡换衣服，或者乘车回家，这样的运动量就已经足够了。"

# 54

# 味精真的有害吗?

对味精的污名化运动已经持续了半个世纪,
该到了拨乱反正的时候了。

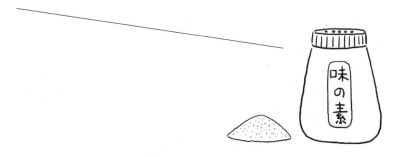

1908 年,日本东京大学一个名叫池田菊苗的化学教授在喝了妻子做的海带汤后突发奇想,试图找出这汤如此鲜美的原因。半年之后,他从 10 公斤海带中提取出 0.2 克谷氨酸钠,只要在汤里放一点这玩意儿,就能立刻增加汤的鲜味。池田菊苗和商人铃木三郎合作,改进了制造方法,开始批量生产谷氨酸钠,并为它取了个好听的名字——味の素。

1923年，一个名叫吴蕴初的中国人发明了生产谷氨酸钠的水解法。他在上海创立了天厨味精厂，推出了"佛手牌"味精，从此味精进入了中国人的厨房，并随着中餐在世界范围内的普及，和中华饮食文化永久地联系在了一起。

1968年，一个姓何的美籍华人（Ho Man Kwok）医生在《新英格兰医学杂志》上发表了一篇短文，用文学的口吻描述了自己去中餐馆吃饭后突然出现的四肢发麻、悸动、浑身无力等症状，他猜测说这可能是由于中餐里添加了味精所致。这篇短文是用读者来信的形式发表的，并没有按照严格的论文格式来写。没想到这个消息一经媒体放大后在西方民众中引起了轩然大波，一个新病——"味精综合症"就这样诞生了。

消息传到日本后，日本最大的味精生产厂"味の素公司"马上宣布，味精本身是没有问题的，"味精综合症"的主要原因是中餐馆用的味精量太多了。于是，"味精综合症"又有了一个新的说法——"中餐馆综合症"（Chinese Restaurant Syndrome）。

虽然缺乏过硬的证据，"中餐馆综合症"这个名字仍然在欧美民间流传甚广，给当地的中餐馆造成了很大的冲击。老板们不得不纷纷贴出广告，声称自己做菜绝不添加味精。不少食客在去中餐馆吃饭时也会特意提出要求，不让厨师放味精。

对味精的恐惧很快就蔓延到整个食品加工行业。当时"天然食品"这个概念刚刚抬头，味精看上去像是一种工业产品，不符合"天然食品"的要求。于是很多食品包装袋上纷纷印上"绝对不含味精"的字样，希望消费者放心。可是，很快就有营养学家指出，食品中添加的动植物高汤的主要成分就是谷氨酸钠，大部分肉类和豆腐制品中也都含有谷氨酸钠，和味精没有本质区别。

"味精和这些天然添加剂本质上是一样的，都含有谷氨酸盐。"美国迈阿密大学的生化学家尼鲁帕·查奥哈利（Nirupa Chaudhari）博士认为，"这东西就像盐或者糖一样，都是自然界原来就有的。适量使用味道很好，但过量了就会有怪味，而且对身体不好。"

查奥哈利博士是研究味精的顶尖专家，也是第一个发现谷氨酸盐受体的人。正是由于他领导的小组做出的发现，人类才得以搞清了味精会有鲜味的原因。其实从进化的角度看，人类喜欢谷氨酸钠是非常容易理解的，因为谷氨酸就是组成蛋白质的 20 种氨基酸中的一种，绝大部分被水解或者被酶解的蛋白质都会释放出谷氨酸。蛋白质属于人体必需的营养物质，人类很自然地进化出了对蛋白质味道的喜爱。

可是，仍然有不少人坚信是味精让他们感到四肢发麻，很像过敏的症状。这是为什么呢？为了揭开其中的秘密，世界各国的科研部门都投入了不少人力物力展开调查，可绝大多数相关实验均没有发现味精有毒的任何证据。

1987 年，世界卫生组织和联合国粮农组织先后发表调查报告，认为味精在适量的情况下对人体没有害处。1995 年，美国食品和药品管理局（FDA）也发表报告，得出了同样的结论。但是，FDA 仍然规定那些添加味精的食品必须在包装上注明"含有味精"的字样，给消费者一个选择的权利。不过，FDA 却不允许食品包装上注明"本品不含谷氨酸盐"的字样，因为绝大多数食品中都会含有谷氨酸盐，即使没有添加味精也是这样，这种标签有误导的嫌疑。

为什么 FDA 如此谨慎呢？因为确实有些研究报告得出结论说味精可能会对极少数人有一定的影响。这是什么原因呢？

原来，科学家认为，味精的生产过程中很可能会混入少量杂质，这些杂质最有可能是"味精综合症"的罪魁祸首。具体来说，目前味精的生产有三种方法，一是细菌发酵法，二是完全合成法，三是半合成半发酵的所谓"醋酸法"。第一种方法生产出来的味精可能混入少量细菌蛋白质，而细菌蛋白质会诱发人体产生免疫反应。第二种方法需要把终产物中的右旋谷氨酸清除掉。氨基酸是有"手性"的，按照基团旋转方向的不同，氨基酸可以分为左旋氨基酸和右旋氨基酸两种。自然界大部分氨基酸都是左旋的，人体也是只能利用左旋氨基酸。右旋氨基酸只能产生于化学反应当中，不但对人体没有用处，而且有可能造成某些不良反应。第三种方法的原材料醋酸是一种化工原料，其生产过程中有可能混入了某些对人体有害的不良物质。

值得一提的是，上述几种方法生产出来的味精可能混入杂质的量都十分微小，如果消费者购买的是正牌味精的话，基本上不用担心。科学家在做实验的时候选择的肯定是正牌味精，这就是为什么绝大多数实验都证明适量味精对人体无害的原因。

对于"中餐馆综合症"还有一种可能的解释：大多数西方人不太习惯中餐的高含盐量，这就是为什么很多人吃完中餐后会感到口干舌燥，不过这和味精没有多大关系。

味精的例子很好地说明了一个道理：不能盲目相信那些关于食品安全的传言，必须用科学的方法加以分析。

# 55

# 痒算怎么回事?

科学证明,疼和痒是两种完全不同的感觉。

谁能用一句话解释一下痒是一种什么感觉？

有的痒一挠就好，有的痒越挠越厉害；有的痒无关紧要，有的痒却预示着身体有病；有的痒来自皮肤表面，有的痒却来自身体内部；有的痒来自机械刺激，有的痒来自化学刺激；有的痒是急性的，比如蚊虫叮咬后人体释放的组胺所引起的痒；有的痒是慢性的，作用机理十分复杂，至今尚未完全搞清。

别说解释了，大部分人就连痒这个词到底是褒还是贬都很难说清楚。有些痒让人心烦，可有些痒却会让人发笑……

虽说困难，可自古以来人们一直在试图解释痒是怎么一回事。以前人们一直认为痒和疼是连在一起的，文学家说一件事"不疼不痒"，就等于说这是小事一桩，不必在意。不少科学家相信，痒和疼是一回事，两者机理一样，痒只是一种轻度的疼，告诉身体有个地方出了点毛病，但问题不大。

不少人支持这个解释，他们举例说，痒这种感觉可以用疼来消除，正好说明两者的本质是一样的。这就好比一个杀人犯被抓住了，便没人在乎他杀人前刚刚偷了一个钱包。也有人不同意这个说法，他们举例说，一个人光凭意念就能产生痒的感觉，可谁也不会仅凭想象就感到胳臂疼，这说明两者有着本质的区别。

不管怎样，人们对痒的重视程度远远比不上疼。科学家已经发现了好几个传递痛感的神经回路，市场上也能买到好几种广谱的止疼药。但止痒药就没那么简单了，市面上只能买到几种抑制组胺的止痒涂剂，对因气候干燥、蚊虫叮咬或者牛皮癣等皮肤疾病引起的瘙痒有一定的疗效，但对于更多的原因复杂的慢性瘙痒则无能为力。造成这种状况的原因也很好解释，一来疼痛是一种比痒更难忍受的感觉，二来疼痛往往预示着身体发生了严重的病变，研究痛感的用处更大，更有商业价值。

美国华盛顿大学医学院的陈周峰（音译）教授就是一个研究疼痛机理的专家。他的研究重点是一种名叫"促胃液激素释放多肽受体"（GRPR）的小分子，这是脊髓神经细胞表面的一种受体分子，而且只有极少数脊髓神经细胞表面带有这种分子，这些细胞专门负责把疼和痒的感觉传递到大脑中去，于是科学家对它的研究已经持续了十多年。

大约在几年前，陈周峰教授和他的实验室培育出一种失去了GRPR 基因的小鼠，但却失望地发现它们对疼痛的刺激照样非常敏感。就在陈教授对实验结果感到疑惑不解的时候，他手下的一名博士后孙彦刚（音译）随机地给一群正常小鼠注射了一种刺激 GRPR活性的物质，随后孙博士注意到这些小鼠像疯了一样拼命地挠痒痒。这个意外的发现提醒了陈教授，进一步研究证明，GRPR 受体确实与痒的感觉有着很显著的关系，失去 GRPR 基因的小鼠对所有的痒刺激均反应迟钝，但对疼痛的感觉则一点没变。

2007 年，陈教授把实验结果写成论文发表在《自然》杂志上，向全世界宣告第一个"痒基因"被找到了。

接下来，陈教授想调查一下这个基因到底是如何起作用的，这就首先必须搞清楚痒的传递路线是怎样的，是否和疼的传递路线一致。陈教授找到了一种化学物质，能够特异性地杀死所有表面带有 GRPR 受体的神经细胞。当他把这种物质注射进小鼠的脊髓后，这些小鼠对痒的感觉消失了，而且消失得非常彻底，不但对由组胺引起的急性痒感觉没反应，而且对由其他物质造成的慢性痒感觉也没反应！更妙的是，这些小鼠对疼痛的感觉则一点没变，照样一扎就躲。

这个实验意义重大。因为这些小鼠不但没有了 GRPR 受体，而且连带有这种受体的神经细胞也没有了，这就意味着所有与这些细胞有关的神经回路都被隔断了。遭受如此重大创伤的小鼠照样能感觉到疼痛，这就说明负责传递疼痛信号的神经回路与负责传递痒感觉的神经回路完全不是一回事。

陈教授把实验结果写成论文，发表在 2009 年 8 月 7 日出版的《科学》杂志上。这篇论文第一次证实，疼和痒完全不是一回事，两者有着完全不同的传递路径，这就为将来发明出一种广谱止痒药铺平了道路。

# 56

## 意志的胜利

意志力是一种生理活动,
需要消耗能量,因此意志力有用光的时候。

奶茶、咖啡、巧克力、上网、看电视、睡懒觉、游戏机……怎么样，看到这个名单时你心动了吗？在你流口水的时候，是否还会想到肺癌、高血压、心脏病、肥胖症、家庭作业、一本买回家半年却没有时间看的书，以及即将到来的考试日期？

人的一生，几乎天天都要跟各种诱惑做斗争。诱惑面前，没人敢说自己永远会获胜，但人的意志力确实有差别，同样一块巧克力，有的人就是能忍住不吃。

人的意志力是哪儿来的？大脑核磁共振成像技术给出了答案。这种技术能够知道人在做某件事时大脑的哪个部位最活跃，爱尔兰都柏林大学圣三一学院的神经生理学家休·盖拉万（Hugh Garavan）运用这一技术研究了人在需要意志力的时候究竟使用了哪部分脑细胞，他发现答案取决于人到底想做什么。饥饿的时候拒绝饼干，或者强迫自己控制某种情绪，是两种不同的意志力，所使用的神经回路也是不同的。但是，所有这些复杂的神经回路似乎都围绕着大脑前额叶，尤其是右侧前额叶来进行。

我们当然不可能把某人的前额叶去掉，看看这人是不是从此失去了自制力。但是，有一种方法可以无损伤地做到这一点。英国科学家安东尼·贝克（Anthony Barker）于1985年首次尝试用"经颅磁刺激"（Transcranial Magnetic Stimulation）技术研究人的大脑。这种技术通过快速变换磁场而在脑内的特定区域引发微弱的电流，从而激活，或者抑制该部位的脑神经活动。因为这一技术属于"遥控"，对脑细胞功能的影响完全可逆，不会造成永久性创伤，所以很快成为神经科学基础研究的工具之一。

盖拉万教授招募了一批志愿者，用"经颅磁刺激"技术暂时干扰他们的前额叶,然后让他们做一个精心设计的计算机小游戏,测量他们控制冲动的能力,结果他发现前额叶确实能影响志愿者的意志力。

前额叶负责工作记忆(Working Memory),也叫作短时记忆。前额叶受损的人可以回忆起小时候发生的事情,却一点也想不起来几分钟前刚刚发生过什么。有证据表明,工作记忆差的人控制冲动的能力也差,说明两者很可能有联系。

前额叶也是人脑中发育时间最长的部分,一般人要到25岁以后前额叶才算完全发育成熟。"这大概就是为什么青少年比成年人缺乏意志力、更容易冲动的原因。"盖拉万教授说,"青少年感受快乐和奖赏的机制与成年人是一样的,但是他们控制基本冲动的能力和成年人大不相同。"

老年人同样会表现出意志力差的特点,盖拉万教授发现老年人在做意志力测验的时候比成年人需要动用更多的神经回路,这说明老人的大脑前额叶已经衰退了,需要动员更多的脑细胞前来助阵,才能控制冲动。

既然意志力需要大量脑细胞的参与,因此意志力和肌肉活动一样,需要消耗能量,也就都有累了的时候。为了证明这一点,美国佛罗里达州立大学罗伊·鲍麦斯特(Roy Baumeister)教授设计了一个巧妙的实验。他先让两组饥饿的受试者分别克制自己吃巧克力和胡萝卜的欲望,然后让他们做一种计算机游戏,测量他们控制冲动的能力,结果发现巧克力组的得分较低,说明他们在克服巧克力诱惑的时候比胡萝卜组的志愿者消耗了更多的意志力。

意志力需要何种能量?为了回答这个问题,鲍麦斯特教授让一组志愿者事先喝一杯含糖柠檬水,另一组志愿者的柠檬水里只加人工甜味剂(假糖),结果第一组志愿者的意志力要比第二组高。鲍麦斯特认为这个实验说明意志力需要葡萄糖。

"你把意志力想象成肌肉运动就很容易理解了。"鲍麦斯特教授说,"肌肉工作一段时间后就需要休息,补充葡萄糖,意志力也是如此。"

这个结论对于减肥者来说可不是一个好消息。他们需要意志力来控制食欲,可没有能量的话意志力就会不够用,这简直要算是新时代的"第22条军规"了,难怪减肥是天底下最难的事情。

比减肥更难的是同时还想戒烟,于是我们看到了太多戒烟成功后却变成大胖子的案例。戒烟需要消耗大量的意志力,于是戒烟者们就匀不出更多的意志力用来控制饮食了。

既然意志力可以被想象成肌肉的运动能力,是不是说明意志力也可以像肌肉一样,通过锻炼来加强呢?鲍麦斯特教授相信确实可以,但也有不少人对此持怀疑态度。但是,大部分心理学家都认为,人类能够通过一些巧妙的手段帮助自己提高意志力。比如,做事情胃口不要太大,免得意志力不够用;事先把计划写在纸上,越详细越好,这样可以提醒自己不要懒惰;把新计划变成一种生活习惯,比如规定自己每天下午5点必须去健身房锻炼。一件事一旦变成习惯,所需消耗的意志力就不大了。

# 57

# 有啥吃啥，吃啥是啥，是啥吃啥

同样的食物会因食用者遗传特性不同，
产生不同的效果。

中国男篮前主教练尤纳斯曾经写过一篇《九问中国篮球》，第一条就是质问篮协的官员为什么不强迫队员吃当地的新鲜肉和蔬菜，反而把一箱箱方便面和榨菜堂而皇之地运出国去。尤纳斯甚至把中国篮球队员的体能缺乏归罪于不科学的饮食习惯，问题真的有那么严重吗？答案是肯定的。

先说榨菜。腌制食品富含亚硝酸盐，这是不争的事实。科学家早就证明，亚硝酸盐能和人体血液发生化学反应，生成高铁血红蛋白，降低血液携带氧气的能力。如果运动员身体里流动着的都是缺乏氧气的血，他还怎么有劲奔跑？再说方便面。都知道方便面好吃，但里面的营养成分除了淀粉就是脂肪，管饱倒是不成问题，但缺少蛋白质。学过生物化学的人都知道，蛋白质是无法从淀粉和脂肪中生成的，只能从食物中摄取。肌肉的主要成分就是蛋白质，中国运动员的身材大都是竹竿形，缺乏肌肉，主要原因就是饮食不科学，蛋白质摄入量不够。

欧美人普遍比亚洲人壮，其中一个重要原因就是饮食结构的不同。美国的妈妈们最喜欢用一句话劝导孩子：You are what you eat. 大致意思就是：吃啥是啥。这当然不是说吃猪肉将来就变猪，而是说多吃肉就能多长肉。相比之下，很多中国人还停留在"有啥吃啥"的时代。其实，要想身体健康，不仅要吃饱，而且要吃好。

不过，近年来人家的口号已经悄悄发生了改变，从"吃啥是啥"变成了"是啥吃啥"。具体来说，就是根据一个人的基因构成，选择合适的食物。最近欧美生物学界有一个新词颇为流行，叫作"营养基因组学"（Nutrigenomics），研究的就是这个问题。举个最简单的例子：奶制品中含有大量的乳糖，需要乳糖酶才能消化。亚洲人体内普遍缺乏这种酶，所以会有很多人一喝牛奶就拉稀。如果中国男篮的队员们盲目学习 NBA 球员天天吃奶酪，估计会有很多人不适应，还不如让他们去吃方便面呢。

从这个例子可以看出，同样的食物会因为食用者的遗传特性不同，而产生不同的效果。当然了，这个例子过于简单，如今的营养基因组学家研究的都是比乳糖代谢更加复杂、更加隐蔽的问题。比如，美国加州大学戴维斯分校的吉姆·卡普特教授研究过人类的 GPDH 基因，他发现有一定比例的美国人的基因组内带有一个变异了的 GPDH 基因。这个基因编码一种酶，帮助细胞将糖转化为能量。此酶需要烟酸（即维生素 $B_3$）才能正常工作，而变异了的 GPDH 所产生的酶不能很好地利用烟酸，影响了能量转换的效率。这个变异说起来似乎很严重，其实防治起来一点也不困难，只要多吃一些绿叶蔬菜和肉，或者干脆定量服用特殊的维生素片就可以了。也许国家队中有的队员就带有这个变异，真是这样的话，光吃方便面可就不行了。

假如国家队需要调查一下谁带有这个变异，只需测一下他们的 DNA 就行了。这种基因变异叫作"单核苷酸多态性"变异，英文叫 SNP。顾名思义，这是指 DNA 序列中单个核苷酸位置上产生的变异，专家估计人类基因组中有 15 万—30 万个这样的微小变异。就是因为它们的存在，世界上才不会有任何两个人是相同的。也正是因为如此，每个人需要的食物也是不同的。美国塔夫茨大学的科学家荷塞·奥多瓦斯就曾研究过人类心血管疾病与 SNP 之间的关系，他发现具有某类 SNP 变异的人在吃了饱和脂肪含量过低的食物后，其体内的胆固醇含量反而会上升。如果这些人按照营养师的推荐，一味强调低脂饮食，反倒会增加患心血管疾病的可能性。

难怪尤纳斯发这么大的脾气。现在已经是"是啥吃啥"的时代了，我们的国家队居然还在依靠方便面打天下。建议尤纳斯赶紧去检查一下自己的"血管紧张素原"（Angiotensinogen）基因是否带有某种 SNP 变异，因为这种变异会让他对食物中的盐分更加敏感，患高血压的机会比正常人高。万一尤纳斯受不住香味的诱惑，吃了篮管中心带过去的方便面，再遇上国家队输球，一着急得了高血压，可就不划算了。

# 58

## 越想越胖?

你的大脑在想问题的时候真的多消耗了能量吗?

成年人的大脑重量只占人体总重量的2%，却消耗了20%的能量。可见，动脑筋是很费劲的。

人们都喜欢把计算机叫作电脑，但是，如果从能量消耗的角度讲，这个比喻是不准确的。电脑关机的时候不耗电，人脑在休息的时候仍然要消耗能量。于是，又有人把人脑比作汽车发动机，平时休息时就像汽车怠速，耗油量较少，动脑筋的时候就像行驶途中，油门肯定得一直踩着才行，耗油量立刻就上去了。

这个比喻听上去很正确，至少直觉上如此。美国杂志《身心医学》（*Psychosomatic Medicine*）曾经招募了14名大学生做过一个心理测验，让他们分别进行三种活动：坐下休息、给一篇文章写读后感、做一个与记忆力有关的小测验。半小时后让他们去吃自助餐，结果发现，学生们在动脑筋后的饭量明显见长，平均算下来，写完读后感后吃下去的热量比休息后多了203卡路里，做完小测验后更是多吃了253卡路里！

问题是：学生们动脑筋的时候到底多消耗了多少卡路里的能量呢？

为了回答类似的问题，早在半个多世纪前就有人做过实验。1953年，一位名叫路易斯·索科洛夫（Louis Sokoloff）的美国医生在一名大学生志愿者的颈静脉里插入一根针管，随时监测他的大脑耗氧量，以此来间接测量这名大学生在休息和动脑筋时的能量消耗。出乎索科洛夫意料的是，这位大学生在闭眼休息和做数学题时的大脑耗氧量没有任何差异。

索科洛夫认为自己的实验精度不够，因此没有继续做下去，这个实验结果也因此而被埋没了很多年。直到20世纪80年代，科学家掌握了更加精密的测量方法，重新开始研究大脑的能量消耗，得出的数据和索科洛夫的相同。从总体上看，动脑筋并没有多消耗能量。

但是，如果具体到大脑的不同部位，差别就显出来了。有一种技术名叫"正电子发射断层扫描成像"（Positron Emission Tomography，PET），可以对大脑进行三维立体扫描。扫描前先给志愿者服用一种带有微量放射性的葡萄糖，然后用PET跟踪葡萄糖分子的走向。众所周知，葡萄糖是能量分子，葡萄糖分子聚集在哪里，说明哪里的神经细胞正在拼命工作呢。

美国华盛顿大学神经生理学家马科斯·雷克利（Marcus Raichle）试图利用PET技术研究人脑的哪部分与语言有关。可是，在研究过程中，他发现了一个奇怪的现象：人在休息的时候，人脑中的某些部位异常活跃，可一旦他开始动脑筋，这部分就突然"冷"了下来，葡萄糖不再在这里聚集了。

和索科洛夫一样，雷克利当初也认为自己观察到的现象是背景噪声。但是，雷克利的同事戈登·舒尔曼（Gordon Shulman）不这么想。他把134名志愿者的PET数据综合在一起进行统计分析，发现这个奇怪的部位在每个人那里都是一样的，都位于大脑皮质的中轴线上，从前额一直延伸到后脑。两人于2001年联名发表了这个实验结果，并把这部分奇怪的脑组织命名为大脑的"默认网络"（Default Network），意思是说，平时这部分大脑一直是活跃的，除非人开始动脑筋了，它才会给其他部分让路。

两人还发现，这个"默认网络"甚至比大脑的其他部位更加耗能，单位体积的能耗比其他部位高30%左右。

这个发现在神经科学界引起了广泛的关注。这就等于说，我们的大脑深处一直存在一套神秘的系统，在我们的眼皮底下偷偷干着某种神秘的勾当。科学家们急切地想知道这套系统究竟在干些什么，他们对照了以前的研究，发现这套系统的位置大约相当于大脑内侧前额叶皮层（Medial Prefrontal Cortex），这部分脑组织和人的自我认知密切相关，如果内侧前额叶皮层受到损害，人会忘记自己切身经历过的很多事情。曾经有一位中风的病人内侧前额叶皮层被损坏了，醒来后她报告说自己仿佛继承了一个空空荡荡的大脑，记忆中曾经有过的那些漫无目的的意识流现在都消失了。那些细碎的小思想其实每时每刻都在每一个正常人的头脑里不断地飘过，只是我们没有意识到罢了。

不过，人类有时也会意识到这些意识流的存在，人类还给它们起了个好听的名字——白日梦。科学家认为，人的白日梦其实是非常有用的，我们做白日梦的过程，就是在把我们每时每刻的经历整理出来，把不必要的信息扔掉，把有用的信息存档备用。这项工程是如此浩大，以至于大脑必须每时每刻不停地工作，直到你需要集中精力分析一件事了，大脑才会暂停一下，把宝贵的葡萄糖省下来留给负责进行逻辑分析的那部分神经组织。

关于这个"默认网络"的研究是当前神经生理学的热点之一，科学家们相信这个神秘的网络将有助于解开人类的记忆之谜，甚至会最终揭开潜意识的面纱。不过，在科学界有定论之前，我们所能做的就是别把动脑筋这件事太当回事了。要知道，你在动脑筋的时候，大脑其实是在休息呢。千万别因此而多吃，否则你会越想越胖。

# 59

# 科里毒素，以毒攻毒

一百多年前，有个医生发明了一个方法，可以让恶性肿瘤自动消失。

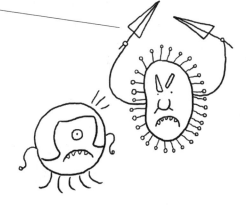

很多人都听说过癌症病人放弃治疗后却又奇迹般自动康复的故事，病人听了这样的故事也许会重燃希望，但是一个资深的医生是不会轻信的，因为经验表明，所谓癌症的"自发缓解"（Spontaneous Remission）发生率很低，一般认为每8万个病人当中才会出一个"幸运儿"。很多坊间流传的

传奇故事要么属于"另类医生"们故意造假，要么属于误诊——也就是说，病人最初根本就没得癌症。

虽然发生率很低，但癌症的"自发缓解"确实曾经发生过。不少科学家试图研究这一现象的内在机理，最终让普通病人受益。目前科学界倾向于把功劳归到免疫系统的名下，可惜的是，免疫细胞种类繁多，彼此间依靠复杂的化学信号相互联系，相互促进，相互制约，要想搞清究竟是哪几种免疫细胞参与了"自发缓解"，是一件相当困难的事情，更不用说人工诱导了。

但是，一百多年前，一个名叫威廉·科里（William Coley）的人发现了一个窍门，能够让普通人也变成"幸运儿"。此人是一名骨科医生，1890年他28岁时进入纽约医院的骨科工作。上班不久，他收到一个刚满17岁的女病人，手臂上的恶性肉瘤已到了晚期。科里按照当时标准的做法，截去了病人的右臂。可是，癌细胞还是扩散到病人的全身，手术后不久她就死了。这件事给了科里很大的刺激，他决心找出治疗肉瘤的法门。很快，他找到了一个成功的病例，患者已经活了7年仍然没有复发。他仔细看了这人的病例，发现他在治病期间得过丹毒（Erysipelas）。这是一种细菌造成的皮肤感染，患者皮肤变红，疼痛难忍，并经常伴有高烧。病例显示，就在那次高烧之后，病人的肿瘤也迅速缩小，最后竟然彻底消失了。科里猜想，会不会是这次感染激活了病人的免疫系统，活跃的免疫细胞"顺手"杀死了癌细胞呢？

科里查阅了大量文献，找到了一个有力的证据。他发现，早期的癌症手术成功率比19世纪末期要高。18世纪时有个医生曾经宣称用手术的方法治好了85%的癌症病人，而在科里的时代，即使是条件非常好的纽约医院,这个比例也不过25%。科里认为,过去的外科手术缺乏消毒措施,病人经常会发生感染,而在19世纪末期的美国,手术时的消毒程序已经非常完善,发生感染的概率远小于过去。

科里从文献资料中还发现,这个思路并不是他首创的。很早就有医生用人为感染的办法治疗癌症,早年的医生们甚至尝试过让癌症病人得肺结核、梅毒和疟疾!虽然这个办法治好了一些癌症,但不少病人死于传染病,有点得不偿失。有了前人的教训,科里决定改用不那么致命的病菌,诱发丹毒的化脓性链球菌(*Streptococcus pyogenes*)正好就是这样一种非致命性的细菌。

1891年,科里找到一个身患癌症的志愿者。科里向病人的肿瘤里注射链球菌,两个月后肿瘤缩小。可是,停止注射后肿瘤很快又开始增大。科里只好从细菌学家那里要来一株毒性超强的链球菌,再次给病人注射,结果病人连发了两周高烧,退烧后肿瘤也迅速缩小,最后竟然消失了。

科里认为自己找到了诱发癌症"自发缓解"的法门:让病人发高烧。他用这个方法治疗了10个病人,虽然都有不同程度的缓解,但其中两人因为感染太过严重而去世了。科里总结经验,决定不用活细菌,改用从细菌中提取出来的细菌毒素。试验证明这种方法同样能够引发高烧,但却不会让病人得传染病。

试验了好几种细菌毒素后,科里找到了最佳组合,取名"科里毒素"(Coley's Toxin)。不过科里坚称毒素的成分并不重要,关键是治疗的方法。他会根据病人的体质和癌症的情况,把适量的"科里毒素"直接注射进肿瘤的内部,让病人持续发烧好几个星期，甚至数月。这个方法获得了一定的成功，不少癌症病人病情获得了极大的缓解。要知道，当时治疗癌症唯一的方法就是手术，"科里毒素"的出现可算是一项革命性的发现。

不过，这个方法原理不清，而且有一定危险性，不太容易普及，所以一直没有获得广泛的承认。到了20世纪40年代的时候，科学家发明了化疗和放射疗法。"科里毒素"在这两种新方法面前很快失去了竞争力，不久就被主流医学界抛弃了。

无论是化疗还是放射疗法，都会伤及正常细胞，而且一旦癌细胞扩散，两种方法都束手无策。于是，近年来又有人想起了科里在一个世纪前发明的"科里毒素"。有人做过统计，发现科里疗法的疗效与现代的化疗和放射疗法相差无几。但是，科里的方法似乎是动员了患者自身的免疫功能，看上去像是一个"治本"的好办法。因此，不少人重新开始研究"科里毒素"，试图找出此法的机理，然后改进"科里毒素"，动用人体自身的防御武器，消灭癌症这一困扰人类多年的顽疾。

# 60

## 大便疗法

人身上生活着很多细菌,它们的作用不可小视。

2008年的某一天,美国明尼苏达大学医学院消化科医生埃里克斯·克鲁茨(Alex Khoruts)接待了一位重症病人。这是一位患

有严重腹泻的老年妇女，前任医生使用了多种抗生素都无济于事，半年多来她的体重下降了50多斤，连走路的力气都没有了，只能坐在轮椅上。

克鲁茨医生化验了这位病人的大便，发现了"艰难梭状芽孢杆菌"（*Clostridium difficile*, C-diff）的身影。这是一种近两年刚刚冒头的肠道病菌，之所以被命名为"艰难"，一是因为它很难被检测出来，二是因为它很难对付。C-diff 对绝大部分抗生素都有抗性，只有万古霉素（Vancomycin）等极少数药效极强的抗生素才能对付得了它。万古霉素很贵，一个疗程需要2500美元以上，而且还不能保证绝对有效。尤其对于那些自身免疫力很低的老年患者效果更差，一旦停药很容易反复。

据统计，2008年时仅在美国平均每天就有超过7000名患者因为受到C-diff的感染而住院，每年死于此病的人数很可能高达1.5万人，其中绝大部分是体质较差的老年人。

极端的病例需要极端的手段。克鲁茨医生从病人的丈夫身上取来某样东西，把它移植到病人的身体里。一天之后，腹泻停止了，此后再也没复发。

究竟是什么东西产生了如此奇效呢？答案是：大便。

虽然听起来有点匪夷所思，但如果从技术的角度来看，这恐怕是所有移植手术里最简单的一种了，它不需要配型，不会流血，操作简单，移植材料由捐献者自取，医生所要做的只是用生理盐水将其稀释一下，再用滤纸过滤掉体积大的残渣，把过滤液用导管注入病人的大肠中去即可。换句话说，这就是一次简单的灌肠而已，只是灌肠剂用的是健康人的大便过滤液。

从上面的描述中可以猜到，克鲁茨医生真正想移植的不是大便，而是大便中的细菌，希望借助它们的力量来对付 C-diff。健康人肠道中最常见的细菌名叫"类杆菌"（*Bacteroides*），化验表明，那名病人大肠内根本见不到类杆菌，代之以各种各样奇形怪状的致病细菌。移植了丈夫的大便后，病人大肠内的类杆菌重新取得了统治地位，C-diff 被抑制住了。

克鲁茨医生并不是第一个想出这主意的。最先尝试移植大便的是美国科罗拉多大学医学院的几名医生，那是在 1958 年，该医院收治了 4 名肠道感染病人，在抗生素医治无效后决定试验大便移植，结果所有 4 名病人全都在 48 小时内恢复了健康。

大概是因为听上去有些"恶心"，此法一直没能普及开来。但 2008 年 C-diff 大暴发，一些医生这才重新想到了这个方法。据统计，1958—2010 年间，全世界的医疗文献中一共可以检索出 170 次大便移植手术，其中有 1/3 的病例发生在 2010 年，可见此法直到 2010 年才引起了医疗界的广泛关注。从疗效上看，大便移植的成功率很高，比如克鲁茨医生自 2008 年首次尝试成功后又先后尝试过 21 次，自报成功了 19 次。

不过，来自美国达拉斯的一名消化科医生劳伦斯·辛勒（Lawrence Schiller）警告说，这个方法仍然没有被严格的临床试验所验证，尚不能代替传统的抗生素疗法。好在已经有人开始了临床试验，荷兰莱顿大学（Leiden University）医学研究中心的艾德·库伊吉帕（Ed Kuijper）博士及其领导的一个研究小组正在进行一项临床试验，看看大便移植是否比传统的抗生素疗法更加有效。

不管结果如何，这件事提醒我们，细菌很可能在人体的生理过程中扮演了一个很重要的角色。据统计，人体内含有的细菌总数是人体细胞总数的 10 倍，它们大都生活于消化道、呼吸道，以及皮肤表面等地方，直接或者间接地参与了很多人体生理过程，尤其是消化和免疫。2010 年 12 月 23 日发表在《科学》旗下的《科学快讯》（*Science Express*）杂志中的一篇文章称，正常的肠道菌群能够诱导结肠生产调节性 T 细胞（一种免疫细胞），如果缺乏这种调节性 T 细胞，免疫系统会对自身组织发动攻击，导致自免疫疾病。

人在刚出生时是完全无菌的，但此后便迅速地被环境中的细菌"接种"，所以说人体内的共生菌群都是后天得来的，取决于人生活的环境以及接触到的事物。正常分娩情况下，最先接触到的是母亲产道内的细菌。如果是剖宫产的话，则最先接触到的细菌主要来自大人们的皮肤表面。事实上，一项研究认为近年来发达国家哮喘等自免疫疾病的增加与剖宫产比例太高导致的肺部菌群异常有某种关联。

共生细菌是近来医学界的一个热门领域。2007 年，美国国立卫生研究院（NIH）出资 1.5 亿美元启动了一个名为"人类微生物组项目"（Human Microbiome Project）的研究计划，对人体内最常见的细菌基因组进行测序，以便更好地研究细菌与人体健康的关系。

从目前的研究结果来看，人与人之间的共生细菌群落差异极大。生活在每个人手上的细菌种类平均只有 13% 是相同的，一个人左手上生活的细菌平均也只有 17% 和右手相同！由此看来，要想搞清这些细菌的作用，科学家们还有很长的路要走。

# 后 记

这本书的文章选自我在《三联生活周刊》上开设的专栏"生命八卦"。这个专栏我已经连续写了17年，主要内容是介绍全球最新最尖端的科学进展，尤以生命科学和医学领域为主。为了保证文章的质量，我在每篇文章里都标出了信息源，它们全都来自经过同行评议的顶级学术期刊，可信度是有保证的。

《三联生活周刊》的读者对象主要是18岁以上的成年人，我这个"生命八卦"专栏也是如此，但这并不等于说这些文章只适合成年人看。在编辑的鼓励下，我从早期的500多篇专栏文章中选出了60篇适合青少年读者，同时内容也没有过时的文章，将其集结成书，这就是你们手里的这本《在万物内部旅行》。

在"生命八卦"专栏的写作过程中，我给自己定下了一个标准，那就是"与其授人以鱼，不如授人以渔"。我觉得一篇好的科普文章不但要传播科学知识，更应该传播科学精神。我在写作的时候会有意识地在科学思维方式和研究思路上多下笔墨，为的就是向读者介绍科学家们解决问题的详细过程，启发读者在日常生活中借鉴他们的思维方式，在此基础上融会贯通，依靠自己的力量解决日常生活中遇到的各种问题。

希望我的这些文字能对各位青少年朋友有所帮助。如果大家喜欢看，我就接着出。

袁越<br>2022 年 3 月 7 日于北京

Copyright © 2022 by SDX Joint Publishing Company.
All Rights Reserved.
本作品版权由生活·读书·新知三联书店所有。
未经许可，不得翻印。

图书在版编目（CIP）数据

在万物内部旅行／（美）袁越著；黄依婕绘．—北京：
生活·读书·新知三联书店，2022.7（2023.10 重印）
（少年游）
ISBN 978-7-108-07412-6

Ⅰ.①在… Ⅱ.①袁…②黄… Ⅲ.①科学知识－少儿读物
Ⅳ.① Z228.2

中国版本图书馆 CIP 数据核字（2022）第 070285 号

责任编辑　王　竞
装帧设计　鲁明静
责任校对　曹秋月
责任印制　董　欢
出版发行　生活·讀書·新知 三联书店
　　　　　（北京市东城区美术馆东街 22 号 100010）
网　　址　www.sdxjpc.com
经　　销　新华书店
印　　刷　河北鹏润印刷有限公司
版　　次　2022 年 7 月北京第 1 版
　　　　　2023 年 10 月北京第 2 次印刷
开　　本　880 毫米 × 1230 毫米　1/32　印张 8.25
字　　数　158 千字
印　　数　6,001-9,000 册
定　　价　49.00 元
（印装查询：01064002715；邮购查询：01084010542）